MEMORY OF CHINA

1945中国记忆

汉奸大审判

王晓华 著

南京出版传媒集团
南京出版社

丛书编委会

主　　任　朱同芳

副 主 任　项晓宁

委　　员　（以姓氏笔画为序）

　　　　　王晓华　邓　骏　卢海鸣　朱同芳

　　　　　任　骏　刘晓宁　孙维桢　项晓宁

　　　　　茹　洋　顾金钟　顾晓明　戚厚杰

　　　　　韩文宁　樊立文

丛书主编　卢海鸣　刘晓宁

副 主 编　樊立文　孙维桢

统　　筹　徐　智

总　序

　　2015年是世界反法西斯战争胜利70周年暨中国人民抗日战争胜利70周年，为了铭记中国人民反抗日本帝国主义侵略的艰苦卓绝的斗争，缅怀在中国人民抗日战争中英勇献身的英烈和所有为中国人民抗日战争胜利做出贡献的人们，重温近代以来中国反抗外敌入侵第一次取得完全胜利的民族解放战争的辉煌和荣光，自2014年2月27日第十二届全国人大常委会第七次会议表决通过将9月3日确定为中国人民抗日战争胜利纪念日，以及每年9月3日国家举行纪念活动后，南京出版传媒集团·南京出版社立即组织中国近现代史专家，隆重推出"1945·中国记忆"丛书。这套丛书共有7册，寓意纪念抗战胜利70周年。具体是：

　　《胜利大反攻》详细叙述抗日战争的最后阶段，日本侵略者陷入山穷水尽之际，中国战场国共两党的军队由局部反攻转为全面大反攻的历史。

　　《战区大受降》重点讲述日本天皇宣布《终战诏书》后，日本与中国在芷江进行洽降、东京湾"密苏里"号战舰日本签字投降，以及日本在中国战区签字投降的故事。

《台湾光复》系统叙述台湾先后沦为荷兰、日本殖民地的历史，以及抗战胜利后，台湾回归祖国怀抱的历程。

《国府还都》重点叙述抗日战争胜利后，国民政府由陪都重庆"还都"南京的过程。

《日俘日侨大遣返》集中披露日本投降后，在中美两国的共同组织领导下，以及国共两党的共同努力下，遣返300万日俘日侨的故事。

《汉奸大审判》着重介绍日本投降后，国共两党肃清汉奸、惩治汉奸和公审汉奸的史实。

《日本战犯审判》全面介绍战后日本东京远东国际军事法庭和中国南京审判战犯军事法庭，对日本甲级战犯、乙级战犯和丙级战犯进行罪行调查和审判的故事。

这套丛书从不同的侧面，采用形象生动的语言和图文并茂的形式，客观、真实、系统地再现了抗战胜利前后中华民族扬眉吐气的历史，披露了一段段鲜为人知的史实，揭示了一个个尘封已久的故事，展示了一幅幅振奋人心的画面。

"铭记历史，缅怀先烈，珍视和平，面向未来。"我们衷心希望这套丛书的出版能够得到广大读者朋友的喜爱，同时，也希望"1945"这段充满荣光的历史永久地铭刻在中国人的集体记忆中。

目 录

引言　严惩汉奸 ——————————————————————— 1
　　汉奸是中华民族机体内部的癌细胞，不肃奸、惩奸，必会导致民族的覆亡。共产党人最早认识到汉奸卖国贼分子是影响抗战事业的最大祸患。国民政府制定了一系列惩治汉奸的法令与条例。

一　权宜之计 ——————————————————————— 11
　　日本突然宣布投降，蒋介石措手不及，为防止共产党占领南京、上海等大中城市，他决定利用汉奸。抗战胜利以后，政局波诡云谲。以周佛海为首的汉奸们竞相向蒋介石献媚，企图借此逃过法律的制裁。而蒋介石则是将计就计，由此演出了一幕幕丑剧。

二　收网捕鱼 ——————————————————————— 33
　　1945年9月9日，何应钦在南京接受日本投降。蒋介石看时机成熟了，下令收网。大汉奸们相继被抓。周佛海自投罗网，陈璧君、褚民谊被诱捕，梁鸿志被任援道出卖，马汉三巧设鸿门宴，汪时璟"机关算尽太聪明，反误了卿卿性命"。

三　法网难逃 ——————————————————————— 63
　　在公审汉奸的过程中，大汉奸陈公博心灰意冷，陈璧君咆哮公堂，褚民谊故作镇静，周佛海巧舌如簧，梁鸿志大喊冤枉……巨奸们在法庭上都有一个共同的特点，就是拒不承认自己犯了汉奸罪。

1

四　丑态百出 ──────────────────────── 85

缪斌祸从口出，死不甘心；陈公博与陈璧君告别，苦笑走向刑场；褚民谊被判死刑，还充硬汉；枪毙林柏生，吓死了三个汉奸；梁鸿志法场吟诗；殷汝耕临刑前，自己超度自己；丁默邨找瞎子算命，希望躲过一劫；王揖唐临死前大放悲声；周学昌狱中嫖娼，做鬼也风流。

五　铁窗幽影 ──────────────────────── 111

除了被枪毙的汉奸外，还有一群汉奸被判了刑。陈璧君被判处无期徒刑；周佛海被最高法院由死刑改判为无期徒刑，瘐死狱中。中华人民共和国成立后，被国民党政府关押的一些汉奸，依然在新中国的监狱中继续服刑。1958年，拒绝认罪的陈璧君死在上海提篮桥监狱。

六　边区锄奸 ──────────────────────── 129

解放区的肃奸活动，不纯粹是由政府部门和专政机关执行的，而是一场广泛的群众运动。许多罪大恶极的汉奸受到法律的严惩。华北地区的肃奸是以武安、磁县、蔚县、涞源、涿鹿、天镇、陵川、高平等县解放区，在充分动员人民群众，经过召开公审大会，将一些罪大恶极的伪军头子、汉奸执行枪决。

【引言】

严惩汉奸

汉奸是中华民族机体内部的癌细胞,不肃奸、惩奸,必会导致民族的覆亡。共产党人最早认识到汉奸卖国贼分子是影响抗战事业的最大祸患。国民政府制定了一系列惩治汉奸的法令与条例。

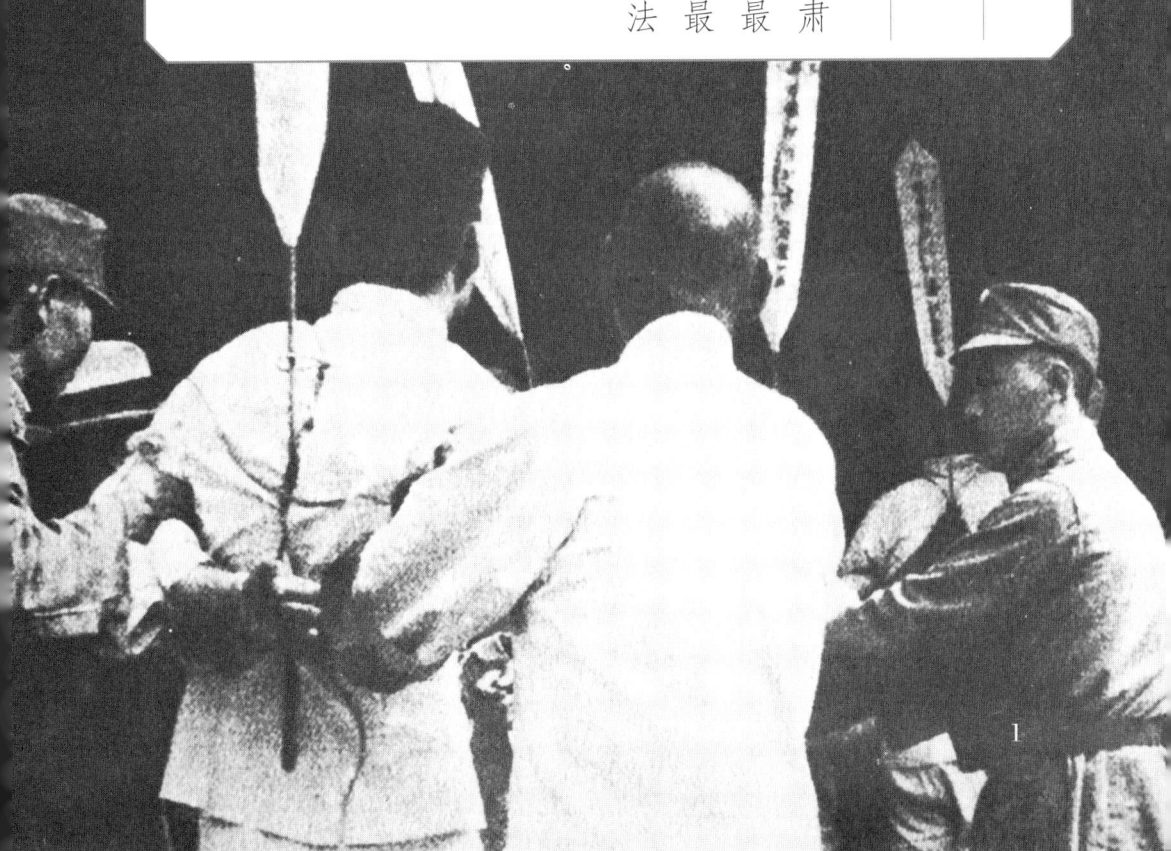

1945中国记忆 汉奸大审判

1937年7月7日夜，驻华北的日军向卢沟桥发动进攻，中国守军奋起还击，一场全民族浴血牺牲长达八年的艰苦抗战，从此拉开序幕。

卢沟桥事变第二天，中国共产党通电全国："平津危急！华北危急！中华民族危急！只有全民族实行抗战，才是我们的出路！我们要求立刻

二十九军士兵身背大刀，守卫卢沟桥

给进攻的日军以坚决的反攻，并立刻准备应付新的大事变。全国上下应立即放弃任何与日寇和平苟安的希望与估计。"

在这份著名的通电里，中共特意强调：

"立即肃清潜藏在中国境内的汉奸卖国贼分子，及一切日寇侦探，巩固后方。"

汉奸是中华民族机体内部的癌细胞，不肃奸、惩奸，必会导致民族的覆亡。共产党人高瞻远瞩，最早认识到汉奸卖国贼分子是危害与影响抗战事业的最大祸患。

"七七事变"爆发后，蒋介石在庐山发表演讲，号召全国进行坚决抵抗。国民政府制定和颁布了一系列惩治汉奸的法令、条例；共产党领导的陕甘宁等边区政府在国民政府颁布的惩奸法令与条例的基础上，根据

蒋介石发表抗战到底的演说

汉奸的末路，身首异处

抗日根据地对敌斗争的特点，分别制定了适合本地对敌斗争需要的惩治汉奸的办法。

综观整个抗战时期，汉奸带来的危害，非常严重。例如1937年7月下旬，国民党统帅部即决定封锁长江，这一最高机密被行政院秘书黄浚出卖给日本情报机关，导致日本舰队、商船逃出长江。

汉奸的危害，绝不止此。很多国民党军高级将领抱怨："这仗没法打了，到处都有汉奸！"

"小奸出于愚，大奸出于智。"汪精卫早年刺杀清廷摄政王，事机不密被逮，被判为死刑。他在狱中赋诗：

"慷慨歌燕市，从容作楚囚，引刀成一快，不负少年头。"

就是这个曾经慷慨言志的革命党人、孙中山的得力助手，广州国民政府主席、军事委员会主席，南京国民政府行政院院长、国民党副总裁，

4

严惩汉奸

在中华民族危亡之秋，带领一伙对抗战失去信心的"精英"，卖国投敌，逃出抗战的陪都重庆，去了越南河内，后在日本的保护下，回到南京成立伪国民政府，成了中华民族的头号大汉奸。

陈公博也是如此。他的父亲是清朝的一名提督，

被十九路军捕获的汉奸（右一）

1900年八国联军占领北京以后，清政府签订了《辛丑条约》，割地赔款，丧权辱国到了无以复加的地步。作为统治阶级一员的陈父，面对民族危机，忧国忧民，天天骂洋人、骂朝廷、骂汉奸。后来发展到纠合会党，准备起兵造反，被清廷捕获，处斩决，后改为终身监禁。因受其父影响，陈公博青年时代走上激进的道路，去海外寻救国之道，早年参加过共产党，还出席了中共第一次代表大会，不久投靠国民党，官至实业部长。陈公博追随汪精卫，是汪伪集团第二号巨奸。汪精卫死后，陈公博成为伪国民政府主席，抗战胜利后被捕，经公审，被枪决。

汪精卫曾经也义愤填膺地主张抗日。1931年"九一八事变"后，汪精

《申报》上刊登戏剧工作者演出《枪毙汉奸》的广告

罪大恶极的汉奸被押赴刑场

游街示众后被枪决的汉奸

卫发表对日抵抗宣言。在这个宣言中，汪精卫说："若欲以暴力迫害中国，使陷于屈服之深渊，则中国民族不能不为正义之和平于公道之和平而不断的奋斗也。"

那么，这些当时所谓的精英集团，为什么会从一个极端走向另一个极端？为什么有人标榜自己爱国，后来却滑向卖国的道路？这是值得思考的问题。

南京伪中华民国维新政府

斩决之后，身首异处的汉奸

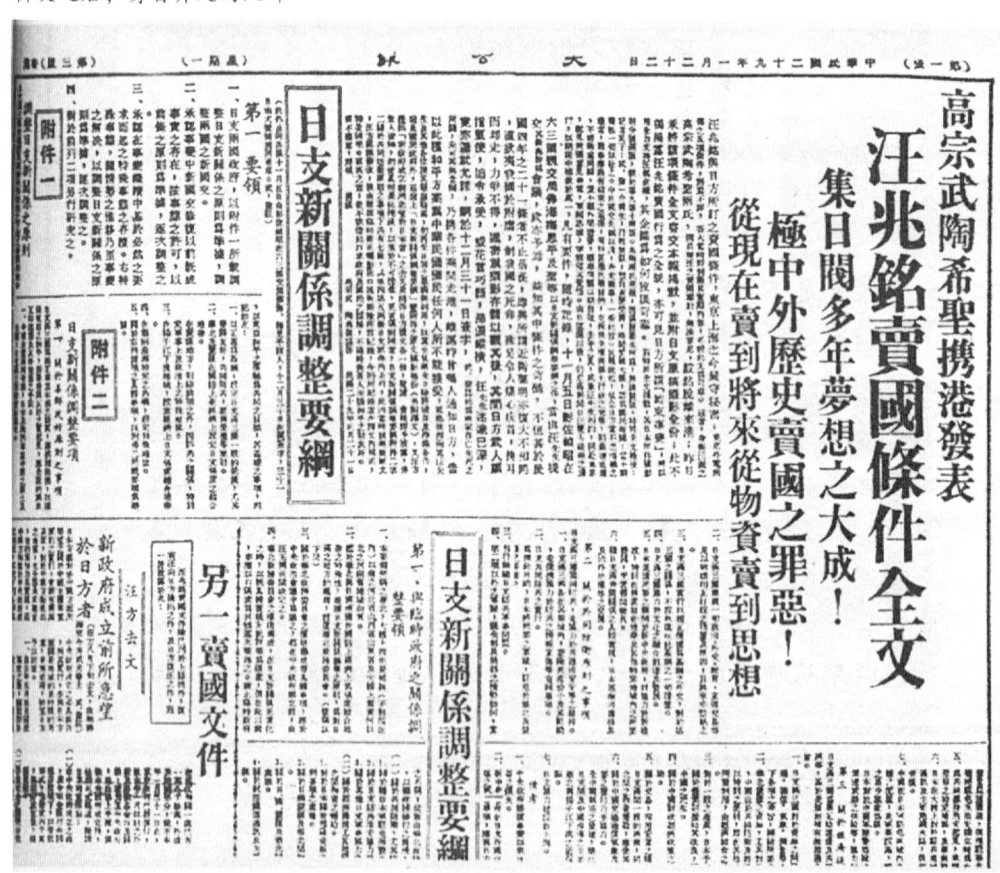

汪精卫与日本签订的卖国条约

严惩汉奸

抗战胜利后，在审判汉奸的法庭上，群奸们或称他们是"曲线救国"；或说国民政府对己不公；或称敌国的政体有先进之处，亲民的做法比中国政府做得好；或借口自己有小家不得已；更有说自己是在为军统工作，在敌方卧底等等，百般辩解。但他们忘了自己是一个中国人！在民族大义面前，中国自古就有儿不嫌母丑、狗不嫌家贫的传统，你可以有选择，为逃避战火，出国或避世，但决不能破坏和损害民族利益。否则一定会受到正义的审判。

1945年8月，抗战胜利以后，在全国人民要求惩奸的正义呼声面前，国民政府陆续逮捕并公审了一批国人皆曰可杀的大汉奸；解放区则发动群众审判惩处了一批民愤极大的汉奸。这些行动证明了中华民族不仅是一个敢于反抗强暴的民族，而且也是一个敢于洗涤自身污垢，割除肌体毒瘤，不断成长的优秀民族。

如何消滅漢奸？

根本消滅漢奸的辦法，不僅是在事後的制裁，而更重要的預防其生產；方法約有下列數種：

（一）要對於民族抗戰政治的意義，作普遍深入的宣傳，使每個國民了解其自身與民族整體有不可分離的關係，使其提高民族意識，自覺地認爲充當漢奸，是一件奇恥大辱的事，寧死不願做。

（二）政府和社會應速設法解決失業羣當前生活問題，使之不致因飢餓的壓迫，急不暇擇，而走入毀滅民族，毀滅自身的歧途。

（三）應有嚴密的偵查組織，分布於全國各地區，使一般漢奸無法活動，而一經活動就要馬上被發現。

（四）趕快在戰區及非戰區實行保甲連坐的辦法，使漢奸無法混進，即混進亦易清查出來。

（五）嚴密民衆的組織，加強除奸的訓練，使能自動警覺着担負除奸的任務。

（六）捕獲了漢奸，或發覺了可疑的人，不應僅憑一時奮怒的情感，頓時打死，應查明線索，破獲其整個組織，俾無遺漏。

关于如何消灭汉奸的文章

"天地有正气，杂然赋流形。下则为河岳，上则为日星。"惩恶扬善，激浊扬清，对气节、正义、好坏、是非教育，仍然是我们今天不能缺少的课题。在纪念抗日战争胜利 70 周年之际，我们希望读者从书中得到反思与启迪，使几千年脉脉不绝的民族正气得以宏扬与延续。

（一）权宜之计

日本突然宣布投降，蒋介石措手不及，为防止共产党占领南京、上海等大中城市，他决定利用汉奸。抗战胜利以后，政局波诡云谲。以周佛海为首的汉奸们竞相向蒋介石献媚，企图借此逃过法律的制裁。而蒋介石则是将计就计，由此演出了一幕幕丑剧。

1945年8月10日，素有火炉之称的山城重庆，依旧笼罩在蒸桑拿般的热浪之中。直到太阳快下山时，嘉陵江上吹来一阵江风才带来些微凉意。

下午7时许，从陪都的国民政府大楼的对面，驻渝的美军总部中突然传来一阵喧腾，许多高鼻子蓝眼睛的美军官兵手里拿着啤酒瓶，开着吉普车冲上大街，用英语喊着"万岁"，他们伸出拇指或食指和中指比成V字形，高呼"日本投降"了。听到这个不亚于原子弹爆炸的消息，很多中国人也疯狂地加入到欢乐的人群之中。他们尽情地流着泪、咧嘴傻笑、欢呼着；还有的人举着美国星条旗和中华民国青天白日满地红的国旗，跳跃舞蹈着，伴

重庆军民涌上街头，欢庆抗战胜利

随着人们欢叫声的则是广播电台里激动人心的音乐……

历经抗战八年，饱受战乱痛苦的中国人久久压抑的情绪在瞬间得到强烈的释放与宣泄，山城沸腾了！几乎全城的军民挤满了大街小巷，滚滚人流汇聚成欢乐的海洋。

全城欢庆，一人向隅。不苟言笑的侍从室主任陈布雷掩饰不住内心

听到日本投降的消息，驻重庆美军上街参加欢庆，伸出大拇指称赞

1945 中国记忆 汉奸大审判

动员抗战的军事委员会委员长蒋介石

的喜悦，未及敲门，就闯进蒋介石办公室报告："委座，对面的美军总部收听了英语广播，说日本已经接受了中、美、英、苏四国的《波茨坦宣言》。"

蒋介石站在窗前，一脸忧郁。日本投降虽然是意料之中的事情，可是来得太突然，让他措手不及："是的，据我们的情报机关监听到日本方面的情报说，东京电台已用英文广播了日本天皇宣布投降的诏书，但目前中、美、苏、英四国尚未接到日本政府的正式通告。"

陈布雷慢声细语地说："委座，是不是研究一下如何证实消息的准确性？"

蒋介石肯定地说："不必了，美军方面的消息不会有错，我们应该研究的是如何设法抢在共军的前面，控制住沦陷区的大中城市。"

陈布雷担心道："只恐鞭长莫及……"

蒋介石用手点点前额："动动脑子嘛。"

陈布雷发了愁："我们的军队都在大后方，就是马上集结、输送，也恐怕是远水解不了近渴。"

蒋介石笑了："书生之见。先生，难道沦陷区就没有我们的人吗？"

陈布雷："不就是戴笠的地下军和部下嘛，他们能有多少人？一个南京、一个上海，没有十几万部队能对付共军？"

蒋介石反问："那里不是还有冈村宁次吗？还有一个'国民政府'，

还能没有和共军作战的部队？"

陈布雷愣了："委座，您是说南京的伪国民政府？"

蒋介石正色道："无论他们是什么政府，他们都是反共的。我们要立即稳住沦陷区的伪政府要员和军队，让他们立功赎罪，坚守岗位接受中央政府的改编，不得听从本委员长核准之外的任何改编。"

陈布雷："委座，利用汉奸可是有些冒险。"

不苟言笑的侍从室主任陈布雷（左）

蒋介石："为达到目的，就要不择手段。否则，共产党真要占领战略要地、接收伪军了。再说，沦陷区还有日军，他们也可以维持秩序，如果他们敢把地盘交给共产党，他们就不要想回国。"

陈布雷："委座，利用那些声名狼藉的大小汉奸合适吗？"

蒋介石："有什么不合适？不管什么大小汉奸，先开一张空头支票，只要他们不向共产党投诚，律予以宽大，汪伪政府人员及其军队，也采取先利用、后惩处的方针。"

陈布雷担心地说："共产党会不会指责政府与伪政府和汉奸勾结……"

蒋介石当机立断："马上与戴笠联络，让他先招抚汉奸、伪军，稳住局面，尽快想一切办法，制止共产党的八路军、新四军进入南京、上海、北平、沈阳等大城市，等我们的部队进去以后再说。"当时，戴笠和梅乐斯离开重庆，前往浙江，在淳安设立了中美合作所下属的一个高级办事处，负责处理招抚工作。

在军事委员会，一封封密电在电键的敲击下，随着电波飞向遥远的夜空……

延安枣园的灯光彻夜未息。日本投降的消息同样让共产党的领袖们兴奋不已。蒋介石的命令到了，令第十八集团军总司令朱德所部仍留守原地，听候命令。

对蒋介石在日本投降以后将会采取的政策和行动，毛泽东洞若观火。中共中央五大书记紧急研究后，于当夜 24 时，发出以朱德名义签署的"第一号命令"：

日本已宣布无条件投降，同盟国在《波茨坦宣言》基础上将会商受降办法，因此我特向解放区所有部队发布下列命令：

戴笠（中）与梅乐斯（右）在中美合作所中合影

（一）各解放区任何抗日武装均得依照《波茨坦宣言》规定，向其附近各城镇交通要道之敌人军队及其指挥机关送出通牒，限其于一定时间内向我作战部队缴出全部武装。在缴械后，我军当以优待俘虏条例给以生命安全之保护。

（二）各解放区任何抗日武装均得向其附近之一切伪军伪政权送出通牒；限其于敌寇投降签字后，率队反正，听候编遣，逾期即须全部缴出武器。

（三）各解放区所有抗日武装部队，如遇敌伪武装部队拒绝投降缴械，即应予坚决消灭。

（四）我军对任何敌伪所占城镇要道，都有全权派兵接收，进行占领，实行军事管制，维持秩序；并委任专员负责管理该地区之一切行政事宜，如有任何破坏或反抗事件发生，均须以汉奸论罪。

紧接着，延安总部相继发出了第二号、第三号、第四号、第五号、第六号、第七号命令，均为指示各部的进军命令及肃清交通要道之敌伪军，进行军管和准备受降等内容。

自8月15日日本正式宣布投降以后，《新华日报》上陆续公布了《南京伪组织汉奸名录》《上海伪组织汉奸名录》《上海文化汉奸名录》《北平文化汉奸名录》《新闻界汉奸名录》《金融实业界汉奸名录》《伪军头目名录》及《汉奸群丑脸谱》，并多次发表严惩卖国汉奸等社论，揭露汉奸卖国罪行，公布通敌罪状，号召人民起来揭发、检举汉奸，要求国民政府立即将这些恶贯满盈的大汉奸绳之以法。

中共方面要求惩奸的正义立场，代表了人民的意愿，得到了重庆的各界人士与老百姓的热烈拥护，许多人纷纷上书，要求国民政府及早制定惩处汉奸的法令。

此时，戴笠令忠义救国军调查室主任刘方雄到南京会见冈村宁次，告知："冈村如让共产党侵入京沪杭三地，我国将视他为罪大恶极的第一号战犯。反之，如果能将京沪杭地区保持得完完整整，移交中央军接收，不但他的战犯问题由我戴某人完全负责，我政府还将优予厚待，不使他稍受委屈。"同时，戴笠还与陈公博、周佛海、丁默邨、任援道等汉奸头子联系，要他们配合日军，维持着京沪杭地区，争取将功补过。

戴笠还电呈蒋介石，要求将全国范围的肃清汉奸的任务，交给军事委员会调查统计局来执行。理由是军统在沦陷区设有秘密机关，对各地的汉奸活动有较完善、完整的资料，重要的伪军及伪组织成员如周佛海等，皆在军统局控制之下，并有部分军统局掌握的忠义救国军已经在大城市附近，可随时进入上海等大城市。

蒋介石当即同意："逮捕汉奸，各方权限不清，责任不负，以致纠纷多端。以后关于逮捕汉奸之案件，准令戴局长负责主持，另派有关人员会同检查办理，以归统一，而免分歧。"

于是，戴笠将肃奸大权揽在自己手中，立即在军统局内组设"肃清汉奸案件处理委员会"，派叶翔之为主任委员，在上海、南京、北平、济南、太原、开封等25个地区，成立肃奸委员会分会，为各地主管逮捕汉奸的执行机关；同时分电知照各战区司令

蒋介石（左）与戴笠

长官、各方面军司令官辅助从事逮捕汉奸的工作。

9月中旬，各地的肃奸行动都迟滞不前，司法院院长居正和司法行政院院长谢冠生沉不住气了，去见蒋介石，说："委座，民众要求惩办汉奸呼声颇高，共产党号召百姓揭发汉奸，此举颇得人心。"

司法院院长居正（前排右七）与司法行政院院长谢冠生（前排六）

蒋介石斥道："蛊惑人心！共产党俨然以政府自居，想赶在我们前面，要和我们争取民心。"

居正说："委座，汉奸罪恶昭彰，举国共弃，如果政府迟迟不作果断之处置，则不但影响全国人民于抗战胜利殷殷望治之心，抑且使仇恨政府者资为口实，造谣生非。"

蒋介石解释："居院长，政府不是不惩奸，而是时机问题，现在考虑的是如何利用汉奸替我们看住广大的沦陷区，阻止中共去接收这些地方，是化腐朽为神奇。"

居正说："委座，这些我们何尝不知？只是何时动手逮捕汉奸？"

蒋介石自负地说："狡兔不死，走狗不烹。只要国军进入华东、华中与华北就立即收网。我们不能心慈手软，再不抓汉奸，舆论对我们不利。我看先让行政院拟定一个处置汉奸条例草案。"

居正也有自己的主张："对于附逆者之处置，应立即指定专门委员会研究具体办法。此项组织宜博采民意，最好由中央党部、行政院、司法院、军令部各派一人，参政院可考虑派两人参加。"

蒋介石不以为然："不必把精力都用在汉奸身上，我们的主要敌人是共产党，几个汉奸不必大惊小怪。"

居正请示："应该规定检举和惩办汉奸的范围，以及自首的时间，是不是以本年8月10日为限，以后自首者不适用《汉奸自首条例》？"

蒋介石点点头："是要规定一个自首时间，现在不能公布，否则，就没人敢来投效了。"

在抗战胜利后的一段时间内，正是由于蒋介石对汉奸的利用政策和暧昧态度，给大小汉奸带来了喘息之机和新的希望。

在举国欢庆胜利的日子里，在抗战中出卖国家利益的汉奸卖国贼的死期已到，他们在巨大的胜利面前唯一的感觉是恐惧与惊慌，感到末日的到来，纷纷削尖脑袋，寻找逃路。

日本天皇宣布投降的第二天，即8月16日，南京伪国民政府主席陈公博即宣布伪政权解散。大小汉奸惶惶不可终日，各想各的招儿，各溜各的号。

伪上海市市长周佛海是最早知道日本投降消息的人之一。正当他彷徨之际，军统特务程克祥、彭寿拿着戴笠的电报来见，说："经军事委员会蒋委员长同意，任命周佛海为上海行动总队长，负责维持上海和沪杭沿线治安，并负责指挥伪中央税警团、上海市保安队警察、第十二军及浙江保安队。"

周佛海兴奋地说："马上以我的名义给戴局长写个呈文，说我已遵令就职，只是这个总队长名称太小，恐难以服众，是不是给我一个总队司令的名义？"

有了蒋介石的任命，周佛海召来他的心腹罗君强、杨惺华、马骥良等人，商议行动办法。

周佛海说："我们制定一个保卫上海的计划。我们所能指挥的三万军警，要编成几个纵队，维持上海的治安，决不让一个新四军进入市区。请唐生明调忠义救国军星夜奔赴上海，抢先占领市区。"

罗君强说："刚才我来时，看见民众在街上欢呼，对持枪的日军进行吐唾和侮骂，还有的将爆竹点燃后扔到日军身上。"

周佛海着急地说："这种情形太危险了，

周佛海

万一日军开了一枪，打死一个市民，上海不知道会变成什么情形。现在失业的人数增加，工潮澎湃，共产党再加以利用，火上浇油就不得了。"

罗君强说："现在关键是日本人，人心惶惶，尤其下级军官，扬言要放把火，在上海实行焦土政策。还要与中央军打游击战。"

周佛海命令："你一刻不能放松，立即制止民众激怒日本人。我任命你为副总队长并兼警察局长，任命杨惺华为经理处长、马骥良为副处长。你们分头行动。"

周佛海亲自拜会了驻沪日军第十三军司令官松井太久郎，说："日本军已经投降了，希望贵司令官听从蒋委员长的命令，只能将部队向蒋委员长的部队与陆军总司令部何应钦总司令指定的部队投降，并交出械弹与物资。不能交给匪军。"

松井说："既然是投降，对中国军队就不能抵抗，我们分不清中央军和匪军。只要是中国军队，他们要进入市区，我们就不能阻止。"

周佛海说："我希望贵司令官能配合我们行动。所谓匪军就是新四军，贵军坚决不能向他们缴械，也不能让他们进入市区。"

松井说："如果他们强行要进入市区，或要我军向他们缴械，我们该如何处置？"

"那就消灭他们，委员长只有称赞你们，而不会为难你们的。"

周佛海（中）在伪满洲国访问

周佛海还严令税警团、保安队、警察严守岗位，防止骚乱。在日军的配合下，一时间，周佛海等人俨然又成了上海滩的统治者，出入则汽车数辆，警卫成群，前呼后拥，招摇过市，搞得天怒民怨。

为了利用周佛海，蒋介石满足了他的要求，重新委任其为上海行动总队司令。

8月20日，周佛海以上海行动总队司令的名义发表公告：

（一）本司令部所辖区域内各部队，未得委员长之核准，不得擅自移动，及受任何方面之收编。

（二）与治安有关之集合等行动，未经本司令部核准，不得举行。

（三）对已停战之日军及日侨，不得侮辱或伤害。

（四）人民纳税之义务，仍当履行，不得借词拒纳。

（五）工厂设备及一切公家重要物资不得毁损、买卖或赠予。

（六）友军及中央派遣部队，希至本司令部联络。

类似周佛海这样的，受到蒋介石委任的汉奸不在少数：

伪江苏省省长任援道被任命为南京先遣军司令，节制"原统之军警保安团队，以及江苏全省、南京附近各种部队"，"负责京苏一带之治安"；

伪浙江省省长丁默邨被任命为浙江省军事专员，负责浙江省与杭州市的"治安秩序"，"静候国军到达"；

……

在利用大汉奸的同时，蒋介石和戴笠将一批掌握军权的伪军将领收

编入队，任命如下：

伪华北绥靖军总司令门致中为河北先遣军总司令；（驻北平）

伪第一方面军总司令任援道为南京先遣军司令；（驻南京）

伪第二方面军总司令孙良诚为司令；（不详）

伪第三方面军总司令吴化文为蚌埠地区先遣军司令；（驻蚌埠）

伪第四方面军总司令张岚峰为豫皖边区先遣军司令；（驻商丘）

伪第五方面军总司令庞炳勋为开兰边区先遣军司令；（驻开封）

伪第六方面军总司令孙殿英为豫北先遣军司令；（驻新乡）

伪苏北绥靖公署主任郝鹏举为徐淮先遣军司令；（驻徐州）

伪湖北省政府主席兼武汉绥靖主任叶蓬为湖北省先遣军司令；（驻武汉）

伪广州要港司令招桂章为广州先遣司令；（驻广州长堤）

伪蒙政府主席德王为蒙古先遣军总司令；（驻归绥）

伪蒙军总司令李守信为归绥先遣军司令；（驻归绥）

伪绥西自治联军总司令王英为绥西先遣军司令；（驻归绥）

……

在军统局的策反下，各地大大小小的伪军共有百十部，先后向军政部、军令部、陆军总司令部备案。

在沦陷区各地的汉奸与伪军，也都接受了军统局的指示和委任，死心塌地地为蒋介石守护着一份"家业"。在与共产党争夺战略要地和抢占大中城市的过程中，为蒋介石立下了汗马功劳。

只有汪伪国民政府主席陈公博是竹篮打水一场空。他也曾经积极地与重庆方面联络，也想把南京这座战前的国民政府首都作为晋见之礼，送给蒋介石，以此来换取身家性命，却没有想到与捷足先登的周佛海发生了一场狗咬狗的争斗。

8月16日，周佛海手下的伪军委会少将、高级参议周镐，以"京沪行动总队南京总指挥"的名义，突然发动"政变"，派兵接管了伪中央储备银行金库、伪《中央日报》、伪《中报》、伪中央电台，控制了伪财政部、伪宪兵队、伪陆军士官学校等处，封锁南京的车站、码头，同时逮捕伪内政部部长梅思平、伪考试院副院长缪斌、伪司法行政部部长吴颂皋、伪南京市市长周学昌、伪陆军军官学校校长鲍文樾等几十名汉奸，伪军政部部长萧叔萱因拒捕被击成重伤，不治身亡。

事件发生后，陈公博勃然大怒，立即动用伪中央军校的学员包围了周佛海的住宅。最后，日军总部参谋处长小笠原出面调解，周佛海赔礼道歉，周镐才同意放人。

局势纷繁，陈公博无法控制，困守一隅，又不甘心出走，尚在观望、等待……

8月24日下午，日军向中国政府洽降的首席代表今井武夫少将从湖南芷江回到南京，去见陈公博，向他详细地汇报了芷江洽降的经过，并说："冷欣副参谋长将于26日抵南京，中央部队将于27日由飞机输送南京，何应钦总司令作为中国方面代表亦要来此受降。阁下如何自处，应该考虑一个办法。"

尽管自顾不暇，看来日本派遣军对帮助他们侵略中国的大汉奸尚有偏护之心。

陈公博

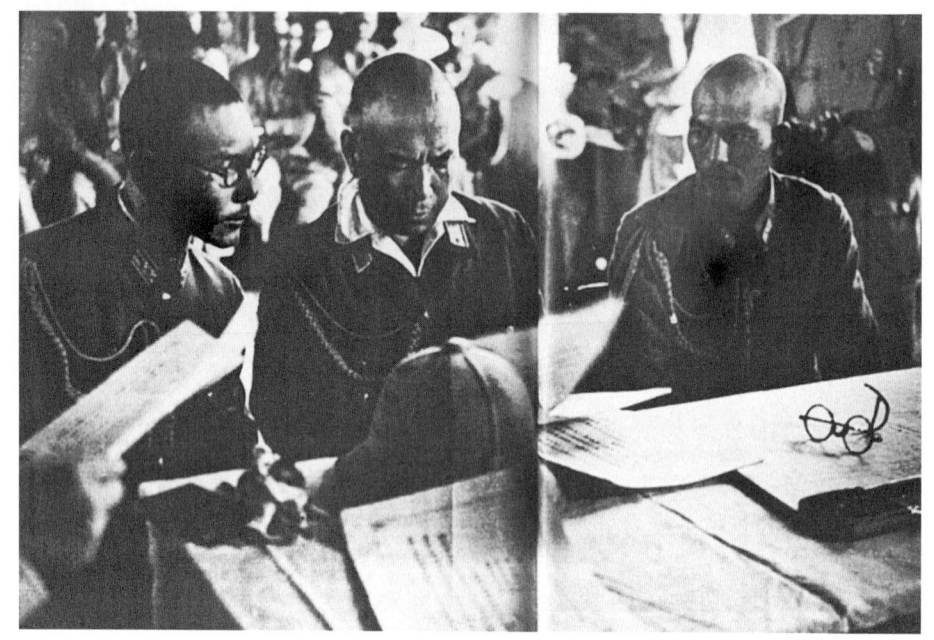

1945年8月21日，日本洽降代表今井武夫（中）在芷江洽降时情形

陈公博只觉得眼前一片漆黑，用一种近于乞求的口气说："我想去日本，可否给我设法？"

今井武夫问："阁下这次赴日，是否能视作一种政治上的避难或是亡命？还是出自其他什么目的？"

陈公博为自己辩解："这绝非潜逃或亡命，只是我在这里，对何应钦总司令进驻南京，接收日本军队投降，有点碍眼或不方便，所以还是避开的好。"

今井武夫考虑了一会儿说："要走就要快走，我马上与日本国使馆接洽一下，借日本航空公司的飞机，你明晨离京。否则过了明天中午12点，日本的飞机起飞都要经过盟军总部同意，未经批准不能起飞。你想走也走不了了。"

陈公博着急地说："好好，我马上回去收拾一下，另外还有几个人要一同避难。"

8月25日凌晨3点，南京城内一片漆黑。西康路一带，几根孤零零的电线杆上残留着数盏昏暗的路灯。今井武夫派中尉小川哲雄驾车来到陈公博的住处，陈公博一行匆匆上了车。这一群如丧家之犬的大汉奸中有：伪行政院秘书长周隆庠、伪实业部部长陈君慧、伪总监何炳贤、伪安徽省省长林柏生，还有陈公博的老婆李励庄和女秘书莫国康。

两辆汽车一前一后开往明故宫机场。飞机发动机轰鸣着缓缓向前滑动，愈来愈快，在跑道灯的指示下，飞离地面。大家哭丧着脸，一言不发。舷窗外，只有长江上几艘日本舰船闪着灯火，其余什么也看不见。陈公博不由哀叹道："今朝离去，别说是辞庙，连送行者也没有，茕茕孑立，形影相吊。"

陈公博等所乘的专机，原定在青岛机场加油，再飞往日本京都。由于青岛机场情况不明，临时决定中途不停，待进入日本上空后，燃料即将用尽，于是迫降在鸟取县西部城市米子。待落地之后，日本人找来一部破旧的消防车，将这一伙人送到一家旅馆下榻。

9月1日，陈公博化名东山公子、李励庄为东山文子、莫国康为青木贞子、林柏生为林博、陈君慧为西村君雄、周隆庠为中山周、何炳贤为何田贤二，在日本外务省官员等陪同下抵达京都，先住进京都市古京区花园町内二五番

陈公博当年访问日本时的风光

1945中国记忆 汉奸大审判

地的柴山别墅，后搬入京都郊外的金阁寺。

陈公博任伪职时曾到日本访问，当时是很风光的，与现在隐姓埋名苟活，可谓天壤之别。

住进了环境幽静的古寺，面对心如止水的僧人，陈公博的心却难以平静，惶惶不可终日。他的思想杂乱无章，或上山巅，或坠深渊，心猿意马。有时想："蒋先生搞抗日救国，汪先生搞和平救国，途虽殊而目的一样，都是为了国家，为了民族，也许可以无虞？"有时又想，"在'剿共'问题上，我们和重庆方面是一致的，我们苦心经营江南，抗击新四军，不正是为蒋先生保留一块反共根据地吗？这个地盘未落入共党之手，我

陈公博曾率群奸访日，风光之极（从左至右：陈君慧、褚民谊、陈公博、陈群、林柏生）

们也是尽了力的。"有时还想，"和蒋介石打交道几十年，合作的时候少，而反目的时候多。蒋介石心狠手辣，排斥异己毫不留情，这次是死定了，在劫难逃。"

在极端绝望和恐惧中，与其被押上法场挨枪子，不如自行了结更干脆，陈公博多次握起手枪，将黑洞洞的枪口对准自己的太阳穴，又一次次地放下，还是缺乏勇气面对死亡。

一天下午，溽暑如蒸，沉闷的气温令人昏昏欲睡。金阁寺院内，房间的纸门都敞开着，李励庄的日本侍女不破贞子没有午睡，兀自站在房间前面的院子里发呆。突然，陈公博的卧室中传来厮打声，紧接着"啪"的一声响，在宁静的下午格外刺耳。不破贞子的心像跳出来似的吓了一跳，于是立即向声音响起的地方跑去。她冲进房间时，只见陈公博与夫人李励庄正扭作一团。

不破贞子尖叫着问道："干什么呀？"

李励庄双手抱着陈公博，用眼睛示意陈公博手中的枪，冲着不破贞子喊："贞子！这个！这个！"

不破贞子立即扑向陈公博，终于从他手中夺下了手枪。陈公博像泄了气的皮球一样，喃喃地说："自杀都没有机会，只好等着公审了。"

林柏生、陈君慧、周隆庠等人闻讯赶来，见此情景都默默不作一语。他们日后的前途在他们的心灵深处都投下了长长的阴影。

1945年8月下旬，军事委员会侍从室内来了一个神秘人物，此人是伪华北政务委员会委员长汪时璟（字翊唐），要求面见蒋介石，报告日本投降后北平的军事、财政情报的。这是日本投降后最早赶到重庆的投效者了。

陈布雷搪塞道："日本刚宣布无条件投降，委座日理万机，自然不便

汪时璟

在这时接见你。"

汪时璟面呈失望之色:"陈主任,那我应怎么办?"

陈布雷说:"你汇报的情报,我代转委座,你还是暂回北平,稳定局面,中央对于复员工作,目前有一定的障碍,共产党又要与国府争天下,你与在北平诸公一定要尽力维持,待中央军接收。"

汪时璟问:"陈主任,我们以后怎么联系?还用我家的电台吗?"

陈布雷点头:"对!呼号依旧,时间还是每夜一时至五时通三次电。"

汪时璟说:"陈主任,我全家的身家性命系在你一人身上,我在北平是地下工作者,不是附逆,你要替我说明。"

陈布雷笑着说:"哪里,哪里,你最好的证明人是蒋委员长,他在三十年春夏间给你写的'在新民'三字密令,还在吗?"

汪时璟谄笑着:"丢了脑袋也不能丢了它,我随身带着呢。"他掏出一个相片册,里面夹着一个白纸小条,上有毛笔写的"在新民"三个字,非常清楚。

陈布雷用指头点着:"这才是你冒着危险掩护工作,搜集日本情报的证据,有了它就可证明你自非始终附逆或临时投机者。"

汪时璟感激涕零:"我和委座亦是多年故识,他当年北伐时,军饷就是我设法筹措的。时璟不图腾达,只是不要玉石皆焚……"

陈布雷宽慰说:"放心,放心,戴笠局长要去北平,到时他会与你联系。"

汪时璟吃了一颗定心丸,得意洋洋地返回北平。

9月7日，归绥伪蒙古政府主席德穆楚克栋鲁普（即德王）与伪蒙疆联合自治政府副主席兼蒙古军总司令李守信飞抵重庆，要求晋见蒋介石。

蒋介石身边的人，对这些卖国投机者的行为恨得牙根痒痒的。侍从室第六组组长兼军统局帮办唐纵签呈蒋介石，主张："将此二贼扣留重庆，不许返绥，另饬蒙藏委员会派章嘉活佛或白云梯星夜前往归绥抚辑流亡，协助第十二战区司令长官傅作义建立内蒙古地方政权，遏制奸伪北窜，并杜防内蒙古投外。"

德穆楚克栋鲁普

蒋介石训责道："糊涂，外蒙古要独立，内蒙古人心惶惶，我正要利用他二人；何况李守信现尚掌握有军队四五万人，搞不好他们就会投苏俄、投外蒙，外蒙古收不回来，再赔上个内蒙古，我们就是千古罪人。"

蒋介石特意接见了德王与李守信，委任德王为蒙古自治政府主席，蒙古先遣军总司令。李守信部收编，委其为东北民众自治军总司令，遣往东北，与共产党军队争地盘。

在蒋介石及国民政府的包庇与利用下，各地汉奸、伪军在日本投降后及国民党军接收前，都暂以重庆方面的"先遣军"司令等名义出现，猖獗之极。在上海、南京、北平等大中城市流传着这样一首民谣：

河里漂来的，不如地里滚来的；
地里滚来的，不如天上飞来的；
天上飞来的，不如地下钻出来的；

地下钻出来的，又不如坐着不动的。

坐着不动的，就是指各地的汉奸。他们摇身一变，都成为"抗日有功"人员。在蒋介石利用汉奸政策的作用下，许多汉奸与政府的接收大员们沆瀣一气，"保护"和劫收日军投降后留下的物资和财产。

(二) 收网捕鱼

一九四五年九月九日，何应钦在南京接受日本投降。蒋介石看时机成熟了，下令收网。大汉奸们相继被抓。周佛海自投罗网，陈璧君、褚民谊被诱捕，梁鸿志被任援道出卖，马汉三巧设鸿门宴，汪时璟『机关算尽太聪明，反误了卿卿性命』。

1945 中国记忆 汉奸大审判

在美国飞机的空运下，1945年9月上旬，新六军从湘西空运南京。9月7日，汤恩伯率部进入上海市区。此时，大批"劫收"人员也出现在各城市的机关、银行、物资仓库、军营等地。

9月8日上午10时10分，中国陆军总司令何应钦飞抵南京明故宫

何应钦（敬礼者）在南京机场受到各界代表的欢迎

机场,受到前进指挥所冷欣等将领、新六军部队及市民的热烈欢迎。

9月9日上午,秋日的南京城,连空气中都有一股浓郁的喜庆气氛。饱受战火、劫后余生的南京人民,兴高采烈地欢庆抗战胜利,并庆祝日军受降典礼在南京举行。主要街道上,竖有用松柏枝扎成的彩色牌楼,牌楼上有红色的"V"字标记,表示胜利,两边是中国国旗和国民党党旗。黄埔路中央军校大门上悬挂着"和平永奠"四个大字,中国陆军总司令部就设在这里,受降典礼也将在这里举行。

上午9时9分,日本投降代表冈村宁次在投降书上签字盖章,然后由其总参谋长小林浅三郎交给中国陆军总司令何应钦。

受降典礼过后,何应钦与冈村宁次还进行了私下会晤。他将一份备忘录交给冈村宁次,提出伪国民政府主席陈公博私行逃日问题,要求日本政府负责将其押解回国。冈村宁次将陈公博之事转告日本政府后,日本政府指示冈村宁次答复中国政府:陈公博是爱国的,绝不反对政府,希望中国对陈的问题重新予以考虑。何应钦仍派人见冈村宁次,再度要求日本政府立即引渡陈公博。

日本外务大臣致电国民政府,要求宽大陈公博,电文为:"如果你们要责难秉着和平救国宗旨进行活动的陈公博,那么受到责难的应该是日本。他在那种形势下尽力维持和平地区民生,仅凭这一点,相

冈村宁次在投降书上签字盖印

1945中国记忆 汉奸大审判

信贵方也会酌量而行的,无论如何我们都希望对陈公博氏予以宽大处理。"同时,日本政府也通知陈公博做好回国准备。

9月30日夜,日本外务省驻京都的办事人员通知陈公博等：中国航空委员会派出一架飞机已到米子。陈公博等人遂决定10月1日夜乘火车到米子。

日本前首相近卫文麿为其母扫墓来到京都,听说陈公博等将被遣送回中国,于是赶到金阁寺诀别。两人见面,相顾黯然,谈及往事,不胜唏嘘,

何应钦(左)接受日本降书

互道珍重而告别。

是日夜,陈公博一行到了米子,而陈妻李励庄因备忘录上无其名,遂留在日本。10月2日,飞机在风雨中起飞。为安全起见,飞机在福冈降落,陈等又住了一夜。10月3日,在八名宪兵和一名宪兵连长的押送下,陈公博等人终于登上归国之程。数小时之后,飞机飞抵南京上空,熟悉的长江、钟山、石头城一一出现在陈公博等人的眼前时,他们只有长叹、恐惧,没有丝毫的激动了。

陈公博一行下了飞机,就被等候在那里的宪兵押送到南京夫子庙宪兵学校。由于暂时没有接受审判,生活优越,陈公博开始写自己在抗战时期的回忆录——《八年来的回忆》。

9月下旬,国民党的部队逐步进入华中、华东、华北各沦陷区,陆续强占了各地的战略要地和大中城市。蒋介石认为遏制共军,抢占抗日成果的目的已基本达到,于是就变脸了。对陈公博恶狠狠地说:"国民参政会与共产党都骂我们保护、包庇汉奸。从现在起,要开始肃奸,把'坐着不动'的汉奸都抓起来!"

同年11月23日,国民政府正式公布了《处理汉奸案件条例》,确定应厉行检举之汉奸范围,全文共十一条。至12月6日,国民政府又公布了《惩治汉奸条例》,全文共十六条,规定了汉奸罪行的量刑标准,从死刑、无期徒刑至有期徒刑(最短的有期徒刑为一年以上,为包庇罪,汉奸罪"情节轻微者""处五年以上有期徒刑"),同时还规定了罚金的数目。

何应钦抵达南京以后,即下令南京市政府和警察厅监视各重要汉奸。从9月26日凌晨起,南京宪兵司令部和南京警察厅展开肃奸行动,先后捕获伪南京市市长周学昌、伪军委会总参谋长胡毓坤、伪海军部部长凌霄、

梅思平

伪教育部部长李圣五、伪实业部部长梅思平等二十三人。空军第一路逮捕汉奸陈昌祖、姚锡九等二十四名。

自9月27日起,陆军总部第三方面军在上海逮捕了伪湖北省省长杨揆一、伪浙江省省长项致庄、伪立法院院长温宗尧、伪司法院院长张国元、伪最高法院院长张韬、伪宣传部部长赵叔雍、伪建设部部长傅式说、伪司法行政部部长吴颂皋、伪清乡事务局局长汪曼云、伪中储行行长钱大櫆等三十九人。以后陆续还有汉奸落入法网。

9月中旬,戴笠到上海,周佛海立即去见戴笠。戴笠一见周佛海,热情地上前握手,笑着说:"佛海兄,保卫大上海,你辛苦了。"

周佛海故作谦虚:"托委座的福。咳,这些天来,我无日不在惊涛骇浪中度过。电话铃一响我便心惊肉跳,生怕出事情,侥幸各干部努力,总算等到中央军政大员都到了,中央给我的任务也完成了。"

戴笠拍着胸:"我心里有数,都包在我身上。"

周佛海擦着头上的汗:"那就好,那就好,我把手上的三万军队交给你,将警察交给市政府。抗战胜利,我心满意足,更无他求,就是被枪毙,也愿意死在委座面前,不愿死在共产党手里。"

戴笠一脸严肃:"佛海兄,延安的《解放日报》发表了题目为《汉奸国贼,必须严惩》的社论,要求将公博兄及你们都加以逮捕,委座也不好办。我看,你是不是暂时委屈一下,去重庆当面向委座谢罪,也好堵堵天下人及共产党的嘴。"

周佛海哭丧着脸:"事到如今,只好如此,只是望委座念我等一直暗中协助抗战，不要假戏真做才好！"

戴笠头摇得像个拨浪鼓："不会的，不会的，只要我戴某人在，不会出问题的。"

9月30日清晨，在戴笠的护送下，周佛海、罗君强、丁默邨、杨惺华、马骥良等人，在上海引翔港机场登上飞机，前往云雾重锁的山城重庆。中午时分，飞机降落在重庆白市驿机场后，周佛海即被送往磁器口杨家山的戴公馆暂时关押，罗君强则被关押在嘉陵江畔一座单独洋房中，其余的汉奸亦被分别关押。

10月1日起，第六战区集中武汉军宪警联合编为二十一个行动组，突然展开抓捕行动，逮捕了伪武汉绥靖主任兼湖北省省长叶蓬、伪汉口市市长石星川等百余人。

伪中华民国维新政府成员合影。前排右为伪行政院院长梁鸿志，左为伪立法院院长温宗尧

10月4日，在戴笠的安排下，周佛海之妻杨淑慧携周幼海及马骥良的老婆乘专机来渝，与周佛海等同住进歌乐山松林坡的白公馆，此处原是四川军阀白驹的一处房宅，别号"香山别墅"。

周佛海等人在白公馆被"待之如上宾"，每顿饭六菜一汤，平日优哉游哉。周佛海只愿躺在床上读佛经，看《资治通鉴》等闲书解闷。其妻杨淑慧与丁默邨、马骥良等人喜做城雀战，噼里啪啦，麻将搓得直响。偶尔，周佛海也去观战，从中悟出不少真谛："深感八圈牌中表示人之一生。人之一生，得失沉浮，悲欢离合，均受命运的支配。予常以打麻将譬之，麻将之胜负，固决于技术巧拙，精神之强弱，但根本必系于手气。所谓手气即命运也。故有初学者常战胜，手气也；有先胜后负者，有先负后胜者，亦手气也。"前途茫茫，由于对吉凶祸福毫无把握，周佛海成天心里七下八上，愁苦不堪。

如果说，周佛海等是被戴笠"请君入瓮"的，陈璧君、褚民谊则是被诱捕的。

1945年7月上旬，褚民谊从南京飞抵广州，就任伪广东省省长兼伪广州绥靖主任和保安司令。上任仅一个月，他连省政府与绥靖公署两衙门的人员尚未完全认识，陈公博的电话就来了，告诉他："日本已接受《波茨坦宣言》，'和平政府'寿终正寝，已经自行取消了。"

褚民谊不甘寂寞，公开发表谈话说："本人肩负广东治安，并积极组织警备司令部，亲兼司令，严令各师长、各县长，各守本位。如因要事在省者立即返任，保护地方及人民。敬待

褚民谊

陈璧君（左）在叶蓬（右）陪同下视察伪军校

中央派员接收，并遵照蒋委员长命令，严饬各师、各部队不得擅自移防，不得擅自收编及受编。"

此时广州市秩序大乱，冒出许多先遣军、别动军，伪省府及民政、建设、教育、绥靖公署的厅长等纷纷向褚民谊提出辞呈。伪广东海军要港司令招桂章率先在绥靖公署就任先遣军总司令职。褚民谊见大势已去，在报纸上刊登启事，告知广州市民："广州治安由招总司令负责，本人敬待中央命令。并将省政府一切事务交与秘书长张国珍维持，专等国民政府委任的广东省政府主席罗卓英到来。"

褚民谊与陈璧君商议应对之策。见褚民谊比自己还要惊慌，陈璧君安慰他说："不要怕，当年我们追随汪先生的目的是求和平，又不是卖国当汉奸。现在这个目的已经达到，任务已经完成，有什么可怕的？"两人商量来商量去，最后，只好决定向蒋介石献殷勤，请蒋介石看在昔日

一致反共的情分上网开一面。于是，陈璧君要褚民谊向蒋介石发份电报，试探一下蒋介石的态度："敌宣布投降后，共军乘机蠢蠢欲动，正三三两两潜入省防，不良居心昭然。愿谨率所部严加防范，力保广东治安，静候中央接收。"

隔一天，陈璧君让褚民谊又发一电："汪夫人愿为中央效犬马之劳，誓将广东完璧中央，盼蒋委员长训示。"

电报发出后，如石沉大海，迟迟不见蒋介石的回音。陈璧君躲在家里，忧心忡忡，度日如年。就在陈璧君陷入绝望之时，一日傍晚，一辆黑色轿车停在法政路褚民谊官邸前，一位不速之客敲响了褚公馆的大门。此人就是大名鼎鼎的国民党军统局广州站主任郑鹤影。褚民谊亲自前往大门接迎，双方热情地打招呼。

褚民谊话中有话："鹤影老弟，干你们这一行的，是无事不登三宝殿，敢问一声，如何处置老朽及汪夫人？"

郑鹤影说："重行（注：褚民谊）兄不要多心，你给委员长的两封电报都收到了。我带来了戴老板给我的电报，请过目。"郑鹤影拿出电报，"戴老板是转示蒋委员长之手令。重行兄，你要好好斟酌！"

褚民谊心跳得怦怦的，接电报的手不禁微微颤抖。他知道这份电报将决定他的命运。只见电报上写：

> 亲译。郑鹤影兄：奉委座手令开："日本已无条件投降，褚民谊兄过去附敌，罪有应得。姑念其追随国父，奔走革命多年，此次敌宣布投降，即能移心转志，准备移交，维持治安，当可从轻议处。惟我大军入城在即，诚恐人民激于义愤，横加杀害，须饬属妥为保护，送至安全地带，候令处置。此令。"

等因。仰即遵办，并将办理情形详报为要。戴笠手启。铣未。渝。八月十六日。

褚民谊看后，鼻子一酸，几乎掉下泪来："委座尚念我等罪人过去对革命有功，百忙之中，尤担心我等性命安全，褚民谊无论如何，决听候中央安排。"

郑鹤影喜形于色，说："好！像重行兄这样，能体察领袖之苦心，大力配合弟之安排，弟亦决不会为难的。只是还有一事……"

褚民谊心里明白，问："是不是汪夫人那里的问题？不知委座有何指示？"

郑鹤影又掏出一份电报："这是戴局长的电报，请老兄过目。"

褚民谊接过电报，只见上面写道：

亲译。郑鹤影兄：奉委座手令开："日本已无条件投降。精卫先生过去附敌，虽罪无可赦，姑念追随国父，奔走革命悠久，且已逝世，对其家属应予免究。惟我军入城在即，诚恐军民激于义愤，横加杀害，故对汪夫人陈璧君等之安全，须饬属妥为保护，送至安全地带，候令安置，并将遵办情形具复此令"等因。仰即遵办，并将办理情形复，详细具复为要。戴笠手启。铣午。渝。八月十六日。

褚民谊拍着胸脯对郑鹤影说："汪夫人的工作由我负责，不会有问题的！"他送出郑鹤影出门后，径直去路对面的陈公馆，迫不及待地将刚才的一切告诉汪精卫的遗孀陈璧君。最后，他用手搔着头说："没想到，老蒋对我们还念一些旧情，不会赶尽杀绝的。"

陈璧君问："你答应郑鹤影转移到安全地方去啦？"

"是啊！中央是考虑得很周全的。"

陈璧君脸一沉："你头脑太简单，容易上当，怎么不安全？走了就安全啦？要安全还不容易，派一个班来保护我们，谁敢动老娘一根寒毛？"

"那夫人的意思是——"

陈璧君眼珠一转："我不走，就留在广州。我一走反而会引起麻烦，认为我们被抓起来了，会引起社会之惊异。民谊，你可给戴笠发一封电报，让郑鹤影转去，就说我母亲和精卫的灵堂都在这里，我不忍心离去。"

褚民谊遵旨照办。

郑鹤影收到褚民谊交来的转给戴笠的电报，知道陈璧君委实不好对付，于是又生一计，再次登门见褚民谊传达戴笠的指示："重行兄，你和汪夫人的那份电报已发给戴局长了，戴局长让你们先安心住在这里，他已请示委座，接你们去重庆，估计过几天便有结果，还望转告汪夫人。"

这几日，陈璧君的心情极坏，自打日本投降消息传来，她的公馆里便乱了套，仆人们逃走了一些她还能容忍，最可气的是广州教育厅厅长林汝珩和警务处处长汪屺，原先像狗一样成天在她面前摇尾巴，如今踪迹皆无。她时而大骂奴才们"无良心"，时而哭喊着"缺阴德"。正当她趴在汪精卫遗像上落泪时，褚民谊兴冲冲地拿着一封"蒋介石"的电报跑进来。

汪精卫（右）与陈璧君

"夫人请看，蒋委员长又来了电报，郑鹤影刚刚给我，就赶来给您报信。"

陈璧君接过电报，内容如下：

> 重行兄：兄于举国抗战之际，附逆通敌，罪有应得。惟念兄奔走革命多年，自当从轻以处。现已取得最后胜利，关于善后事宜，切望能与汪夫人各举秘书一人，来渝商谈。此间已备有专机，不日飞穗相接。弟蒋中正印。

陈璧君来了劲儿："谅他老蒋，亦不敢拿我等党国元老怎么样！什么附逆通敌？精卫言和这也是为了抗战的胜利，这只臭马桶少往我们头上扣，他老蒋也一直和日本人拉拉扯扯，只是精卫捷足先登了。"

褚民谊劝解着："夫人，少说这些话了，我们现在是在别人的屋檐下，不低头行吗？到重庆后向蒋先生认个错也就结了，何必认真？"

"好吧！先收拾一些要紧的东西。哼，他老蒋不派专机，休想让老娘离开广州一步。"

9月12日上午，郑鹤影来电话告诉褚民谊："飞机业以抵穗，下午3时在原省长官邸集合，有专车送白云机场。"

下午3时许，陈璧君、褚民谊等人到了伪省长官邸。褚民谊感慨良多，他与在此前来送行的原省政府旧人陈国强等一一话别；陈璧君仍是一副唯我独尊的派头，目空一切。

大门外开来了十多辆小汽车，郑鹤影为首，当即宣布每车只得坐两人，先请汪夫人上车！"

陈璧君带随员一仆人上车后，褚民谊与其随员高其贤、徐宗义等上了后面的车,他向送行者挥挥手,含泪而别。

小汽车一排沿珠江边开去。

"错了!错了!你们开错了,这不是开往白云机场的路。"陈璧君叫了起来,"休想骗过老娘,当年我跟随孙中山先生,与精卫就是在这一带活动,我是老广州,搞不清道路问我就可以。"

坐在前排的郑鹤影小心地解释:"夫人,委座派来的是水上飞机,我们就是要到珠江上船过渡,再上飞机,一会儿就知道了。"

车在珠江码头停下,果然有两艘汽船在升火待发。陈璧君等一行上船后,郑鹤影说:"夫人,保重,一路平安,我有事留穗,不能陪同。"说罢返身上岸。

汪伪政府成立时,汪精卫与陈璧君等汉奸宣誓就职

汽船至江心，一位军统小头目板着脸命令："飞机上不能携带武器，统统交出来！"待特务搜查陈璧君、褚民谊的行囊后，那人宣布："蒋委员长现因公赴西安，数日内不能回渝，陈璧君、褚民谊等一行此时来渝，殊多不便，应先在穗移送安全处所，以待后命。"

陈璧君一听，跳叫起来："既然老蒋不在重庆，我们就应该留在自己家里，搞什么搞，赶快返回去，我要回自己的家。快返回去！"

军统特务不便得罪她，耐心解释说："夫人息怒，不要动火，我等是奉命行事，不周之处，请多多原谅。"

陈璧君越发来劲："老娘是党国元老，当年跟随先总理革命时，你们还穿开裆裤呢！现在竟骗到老娘的头上了，岂有此理。"

任凭她大叫大骂，特务们也不理睬。褚民谊则细声细气，一个劲地劝。

汽船一直开到广州市郊的一处地方停下来，押送人员让陈璧君等人改乘小船，这再一次挑起了陈璧君心中的怒火。她骂道："你们是什么东西？想让老娘干什么就干什么？做梦！老娘的脾气老蒋也知道！我决不下小船去，除非你们用枪打死我。"

军统特务平时也是蛮横惯了的，此刻也不再客气："少来这一套，这是什么地方容你撒野？"他们都端起了枪。

"有种的你就开枪，老娘十六岁就玩枪，还怕这个？开枪啊！一群被人当狗驱使的东西，你主人不命令，借你一副胆子谅你也不敢！"陈璧君倚老卖老，跳脚怒骂。

双方僵持不下，褚民谊夹在中间左右劝说。胳膊拧不过大腿，最后陈璧君等人还是被押解到法政路的一所破旧不堪的房子里关押起来。

一天，军统的一位负责人告诉陈璧君："汪夫人，上峰有命令，过几日要将你们解往南京审判，你要有个准备。"

汪伪政府成员宣誓就职

陈璧君脖子一拧："准备？我有受死的勇气，但绝无坐牢的耐心。汪先生死后，我的精神支柱已倒，我只盼早日跟随他而去。"

说起汪精卫的死因，与枪伤有关。1935年11月，国民党在南京召开四届六中全会，在到会代表照相时，汪精卫被爱国志士孙凤鸣开枪击伤，当时虽然不是致命的，但九年后，他还是因为枪伤引起的并发症，死在日本。

"汪夫人，请放宽心，你的事情将来会用政治手段解决的，不会送司法审判的，请暂时委屈一下，时间不会太久了。"

10月14日，陈璧君、褚民谊等人及陈璧君的长女汪文惺、次女汪文悌及两岁的外孙女何冰冰等，在广州白云机场登上飞机，几个小时后，飞机降落在南京明故宫机场上。陈璧君等一下飞机便被囚车送往宁海路25号看守所关押。

随着陈璧君、褚民谊的落网，广东地区惩办汉奸的活动也在大张旗鼓地展开。

在广州惩治汉奸行动中，第一个被枪决者是大汉奸吕春荣。吕春荣原是粤军一师长，广州沦陷后立即投敌，于1938年12月10日出任伪广东治安维持会副会长，后又任"和平救国军"总司令，领"中将"衔，占居西关恩宁路多宝桥一独立小洋楼。

吕春荣

抗战后期，汪精卫将吕春荣调往南京，任伪军事参议院参议。因是闲职，吕春荣仍常住广州。

日寇投降后，吕春荣潜逃广东清远，被识破面目，押回广州，交由张发奎第二方面军军事法庭审理。法庭判处其死刑，于1945年10月14日由看守所提出，押赴永汉南路（今北京南路）天字码头执行枪决。大批记者到场采访，不少市民大呼吕春荣该死，将石块、泥块掷向刑车。翌日，广州各大报章均报道此事，多以《吕逆春荣昨日伏法》《大汉奸罪该当诛》为题。

不久，第二方面军军事法庭又于1945年12月8日，枪决了汉奸叶坤。叶坤原是地痞流氓，广州沦陷后，日军立即指使汉奸成立"自治警卫团"，叶坤任"团长"。这些身穿黄军服、头戴大盖帽的匪徒，敲诈勒索，随便抓人。当时广州市民逃难在外，十室九空，燃料奇缺，"自警团"借"执勤"之机，破开市民家门，入屋搜掠；又将空房之门板、窗门、木器拆下当柴炊事。广州市民恨之入骨，称之为"自滚团"（"滚"，广州方言意指抢掠、盗窃、做坏事）。直至汪伪广东省市政权成立，设置了警察局，"自警团"才逐步取消。

1945 中国记忆　汉奸大审判

1946年1月底，蒋介石取消各个方面军建制，设立国民政府军事委员会××行营（如北平行营、武汉行营、西北行营等），第二方面军改为广州行营，仍由张发奎任行营主任。下设军法处，继续办理肃奸事宜。非军人的汉奸案件，则由广东省高等法院承办审理。当时较有影响的肃奸案件，为惩治奸僧案。

1946年4月9日，肃奸委员会在六榕寺内逮捕六榕寺方丈、汉奸和尚铁禅。铁禅法号心镜，俗名刘梅秀，广州夏茅乡（今白云区）人。广州沦陷后，与汪伪及日寇勾结，成立"新华佛教协会"，并任"会长"。他交结日本南支派遣军特务机关长矢崎勘十郎少将，以势压人。1940年8月，携佛家珍品飞赴东京，分赠日人，得日本天皇裕仁接见，摄影留念。返穗后，即组建"国际佛教协会华南支部"，铁禅任"支部长"。又与伪"居士林副林长"谢为何组织"东方文化学院"，赴香港活动，为敌张目，极力诋毁中国政府，发动全市僧尼参加拥护汪伪与日寇签订之《中日基本关系条约》活动。

同年6月9日，由广东高等法院审讯终结，以通敌叛国罪判处铁禅有期徒刑十五年，剥夺公权十年，财产没收。当时广州各报均斥铁禅为奸僧。至9月，铁禅瘐毙狱中。

1947年5月18日，最高法院做出裁定：没收汪精卫财产。在广州计有德政北路房屋八间及全部财产（汪精卫广州住宅即"汪公馆"，原址在今广州市委大院内），褚民谊在法政路的住宅，伪行政院秘书长兼广东省省长（褚民谊前任）陈春圃在越秀北路的住宅，以及众多汉奸集中居住之宝源路、多宝路昌华大街等处住宅，均由国民政府敌伪产业管理局接管。

1946年至1947年，市民极为关注之四大汉奸案件。四大汉奸即李辅群、郭卫民、许廷杰、招桂章。李辅群（即李朗鸡，俗称"市桥皇帝"），汪伪陆军中将，番禺护沙总队长，汪伪"和平救国军"旅长。郭卫民，日本陆军士官学校毕业，投敌后任汪伪广州市警察局长、广东警务处长。许廷杰为汪伪陆军中将，"和平救国军"第三十师师长，后调任伪广东绥靖公署参谋长。其弟许廷卓亦投敌，任伪广州警察局小北分局局长。许廷杰在日伪推行的"清乡运动"中犯有重大罪行。招桂章，任汪伪广东江防筹备处处长、伪广东江防司令部司令、伪广东广州要港司令、伪中央海军部次长。他在抗战胜利之初受蒋介石委任为广州先遣军总司令，头上罩上了一圈光环，捞了一条救命稻草。

四大汉奸先后为第二方面军逮捕，关押在军法处临时看守所（今广州市第九中学）内。门前有玻璃橱窗，将四大汉奸照片及罪行陈列窗内示众，观者如潮。

但审讯工作断断续续、拖拖拉拉。李朗鸡一案，后又由广州行营军法处以李朗鸡"并非军人"为由，移交高等法院特种刑事法庭，直至1947年4月11日才判其死刑，却未执行。广州解放前，李朗鸡逃出监狱，匿居上海。1959年公安机关将其捕获，1959年9月30日押回市桥后枪决。郭卫民、许廷杰、招桂章这三大汉奸，却未被判死刑，得以苟延残喘，据说新中国成立前均逃匿香港。

汉奸为民族败类，国人皆曰可杀，广州的大汉奸，处死者寥寥可数。肃奸工作黑幕重重，国民党之腐败，亦可见一斑。

到10月中旬，军统在各地捕获的汉奸嫌疑分子，已达四千多人，戴笠自吹自擂，大言不惭地说："所有政府通缉有案者，已全部落网。"

11月，《大公报》发表的《快办汉奸，严办汉奸》的社论，《文汇报》发表《周佛海怎么样了，我要为沦陷区同胞大哭》的文章，《新华日报》

1945 中国记忆　汉奸大审判

发表《不许优待周佛海》的署名文章及《张家口肃奸工作片断》等文,《救国日报》上连篇累牍发表《老牌间谍殷汝耕》《殷贼汝耕还不够死刑吗？》,《中央日报》发表社论《严厉惩罚汉奸》,《中国日报》发表文章《汉奸哪能不严办？》《经济汉奸不容放过》等文,对各地加快审判汉奸工作起到了很大的促进作用。

1945年7月,日本败象已显。汪伪政府立法院院长梁鸿志忧心忡忡,终日徘徊于上海法租界毕勋路私宅园中。

他自知罪孽深重,但退步为时已晚,只是唉声叹气。他的新娶的年轻的太太抱着襁褓中的幼女劝解道：

"众异（梁鸿志之字）,别这么愁眉苦脸的,愁坏了身子,我们母女如何是好？"

"我的夫人,时局眼看有变,日本人一垮台,我在维新政府时是行政院长,在汪政府时是立法院院长,能跑得脱？我牵挂的就是你和幼女,我如何能不愁？"

新夫人倒干脆："那也好办,找个僻静地方躲过风头再说。上海、南京都不保险,我看苏州小城蛮幽静清爽,我们在那里买一处房产。你不是与蒋委员长连襟孔祥熙院长很熟嘛,以后联络上,再决定进止不迟。"

梁鸿志茅塞顿开,当下差人秘密潜往苏州,觅得一处既幽静又宽敞的院落。

8月10日,日本宣布投降,日军占领区一片混乱,梁鸿志趁乱,携新妇及小女逃往苏州匿居下来。

梁鸿志

一日，新夫人从上街买东西回来，告诉梁鸿志一个"好消息"，说苏州城现在已被任援道接管了。梁鸿志叮嘱说："你外出要格外小心，休要叫熟人撞见。"

夫人疑惑不解："怕什么？任援道不是你的部下吗？他现在被重庆委派，成了苏州的保护神。我听说他将原政府要人都保护起来了。你不是说与孔祥熙院长关系不错吗？何不找他设法与孔院长联系？"

任援道

梁鸿志说："万万不可，现在时局纷乱，人心难测。我在维新政府做行政院长时，提拔任援道做我的绥靖部长，他曾经是我的部属，现在成了蒋委员长的红人，千万招惹不得。"

夫人撇撇嘴："也不致吓成这样，即使他不予庇护，也不会落井下石吧。"

梁鸿志的担心并不是多余的。上海、南京的军统特务们在到处查找他的蛛丝马迹，要把他逮捕归案。根据金雄白的回忆："梁众异匿居苏州，本来是无人知道的，像这样一个重要人物，当局自不会放过的，但军统、中统且无法获得任何线索，如有人能够侦悉其踪迹，自然将是大功一件。任援道也许事先有些风闻，他派遣了无数亲信，四处查访。一天，在苏州车站发现了梁的新太太正搭车赴沪，于是就在暗中跟踪，最后自然很容易查到了梁氏的秘密居处。由他动手逮捕之后，辗转送交军统。"

梁鸿志懊恼不已。他在优待所中多次向金雄白吐露心中的愤懑："我有一遗憾，死不瞑目。不应该拘捕我的人，竟千方百计地拘捕了我，来

梁鸿志（中）与伪维新政府内阁成员开会

作为献媚邀功之计。好个狗彘不如的任援道！"

就是这个巨奸任援道，在卖劲地替蒋介石当了打手之后，被蒋介石任命为军事委员会中将参议。不久，他突然携带大量搜刮到的财宝潜逃香港。是得到军统内部的通风报信，还是收买了逮捕他的人，就不得而知了，总之是带着全家由香港辗转逃到加拿大，在那里定居，逃脱了被法律制裁的下场。

10月上旬某天，军统局局长戴笠纡尊降贵地亲自到上海火车站拘留所，看望在押的有影响的汉奸们。他在院中召集在押犯讲话说："我奉蒋委员长的命令主持'肃奸'工作。大家不要害怕，我知道各位中有许多曾为国家出过力，我将尽力为各位昭雪。我不想采取法律途径，而会以政治手段来解决。此地太狭小了,我已经找到一处比较宽大的地方,就算是一个疗养院,供各位作短期休养之用。你们辛苦了多年,今后,政府还将继续借重诸位为国家之用。"

戴笠的话,如春风化雨,梁鸿志"听来受用,也听来兴奋",在押的大小汉奸们顿感前途光明。戴笠还逐房进行慰问,并单独接见了温宗尧、梁鸿志、唐寿民、唐海安、沈长赓等人,与他们进行长时间密谈。这些罪大恶极的汉奸们都将希望寄托在戴笠身上。

戴笠也不负众望,"双十节"过后,几辆美式十轮大卡车将汉奸们迁徙到福履理路的楚园去休养。楚园原是前上海市警察局副局长卢英的私宅,环境幽雅,被汉奸们称为"优待所",能进入楚园的汉奸都洋洋得意。

梁鸿志、温宗尧、唐寿民、唐海安、沈长赓、郑洪年、林康侯、朱博泉、孙曜东、金雄白等人便关押在"优待所"中。

梁鸿志犹自我解嘲地说:"这下好了,我们进了楚园,就是名副其实地做了楚囚。汪先生刺清摄政王入狱时,曾作就义诗曰:'慷慨歌燕市,从容作楚囚。'我们更是被优待做楚囚。"

楚园是一处大宅院,楼上一排五间大房,楼梯头上另有一间小房,并有一宽阔的走廊。楼下是军统军法处的办公室。按级别等级,梁鸿志单独住一小间,每日,他的新太太还能进来料理其生活起居,给他开小灶。其余的汉奸待遇就无法和梁鸿志相比,五人住一间,但是每人的榻上,都有一份报纸,可以及时了解国内外新闻。此外,汉奸们还可以自由通信,家人也可以自由探视,有较好的伙食,可以自己开菜单,花钱让厨子做可口的饭菜,还有佣人为他们洗涤打扫。与梁鸿志同为"难友"的还有上海工商界名流闻兰亭、袁履登与林康侯,抗战时他们"落水"为经济汉奸,在楚园中被称作"福、禄、寿三老",

难友们称他们为"三星在户"。

每天晚饭后，散过步，消过食，为消磨时间，汉奸们就团坐在走廊里，轮流讲述一个题目。梁鸿志的国学底子厚，开讲《四书》；闻兰亭讲佛；林康侯讲《圣经》；还有的讲《孟子》、讲《论语》、讲金融、讲法律，也有的讲京戏、讲女人……这些汉奸除了失去外出自由外，生活倒也多姿多彩。

1945年的除夕之夜，"优待所"特意为汉奸们准备了一桌丰盛的酒席，饮酒助兴，共同守岁。熟料"酒入愁肠，化作相思泪"，梁鸿志遏制不住感情的冲动，潸然泪下，于是一人向隅而泣，众皆号啕。

梁鸿志取来一张白纸，挥笔写下了"息壤在彼"四个大字，并加一段短跋，汉奸们轮流在上面签字，彼此互道珍重。

梁鸿志说："诸位，将来能见天日，将永远不忘今宵，一息保存，共求湔雪。"

新年以后，进入1946年，坏消息不断传来。不久，梁鸿志就被送进上海提篮桥监狱。在这幢四层楼里，每层中间是一条走廊，两边各有三十多个囚室，三面是墙壁，只有对着走廊的一面是门，门上有铁窗。犯人睡在冰冷的水泥地上，每日上午10点和下午4点各送一次牢饭，伙食基本上是发霉的米饭和菜叶汤。梁鸿志自嘲此处为"七无斋"，即无床、无几、无灯、无砚、无茗、无酒、无书。曾有《七无绝句》，他最耿耿于怀的是无床。

其余的时间，梁鸿志就是为日后的审判准备答辩材料了。

随着军统在各地的肃奸行动的展开，不少小汉奸也纷纷落网，军统肃奸还是有一定成绩的。但有一些不是汉奸的人，就因为蒋介石的接收人员看上了他们的家产和物资，指鹿为马，硬当汉奸抓起来，以此敲诈

大汉奸王克敏（左）、汪精卫（中）、梁鸿志（右）在青岛商量合并为伪中央政府之事

汪精卫与梁鸿志、王克敏举行青岛会谈，商讨合并之事（从右往左依次是：汪精卫、王克敏、朱深、梁鸿志、齐燮元、温宗尧）

老牌汉奸殷汝耕（右）

钱财。

由于社会舆论，给国民政府以很大压力，李宗仁要求军统北平办事处马汉三等立即拘捕平津一带的伪华北政务委员会大汉奸殷汝耕、王克敏、王揖唐、汪时璟等人。

马汉三急电戴笠，加之蒋介石于 12 月 11 日要到北平视察，万一惹起民怨，闹出点事情就麻烦了。于是戴笠急飞北平，经仔细筹划，决定用和平的方式把汉奸们一网打尽。同时从南京挑选军统一百二十名行动队员，连同大批汤姆生机枪、卡宾枪、左轮手枪同弹药，分乘六架运输机抵北平，暂住东四六条 64 号前北洋时期大总统徐世昌公馆（日本占领时为伪新民会总部所在地）。

戴笠还是想用诱捕之法，于是他去找汪时璟，用老友的口气说："翊唐兄，本年 8 月，你投奔重庆，汇报日本投降及军事情报，委座与中央是有数的，我们军统在行动上亦是有分寸的。对党国有功者，是不能作为汉奸来对待的。"

汪时璟说："雨农兄，我与委座是多年的故交，北平光复不久，有什么地面上的事情需要兄弟帮忙的，不必客气。"

戴笠卖个关子，沉吟道："目前正有个难事，想请老兄鼎力相助，只是……"

王克敏

汪时璟着急地表白："只是什么？难道你还信不过我？"

戴笠说："委座就要莅临北平视察，然而现在军统压力很大，上月《大公报》的社论尖锐批评我们在北方未逮一个老牌汉奸……"

汪时璟心头一惊，站了起来，打断了戴笠的话："雨农兄，你是想拿我来杀鸡儆猴？"

戴笠按住汪时璟的肩："时璟兄，别误会，你是有功之臣，哪能拿您开刀？您听我说嘛。军统有一次行动，欲学楚霸王项羽宴请刘邦的方式，在贵府设一个鸿门宴。你出面邀请王克敏、王荫泰、王揖唐、殷汝耕、刘玉书、黄南鹏、齐燮元、潘毓桂、曹汝霖等一批'特任'级汉奸到场，就说是我要出席，与大家见见面，听听诸位有何建议，然后……"他用手使劲做了个抓紧的手势。

王揖唐

汪时璟仍不放心："可不能连我一起抓！"

戴笠嘿嘿笑着："你是跑不掉的！在你家里抓他们不抓你，不怕别人骂你卖友求荣？"

汪时璟说："你们不能假戏真做，卸磨杀驴！"

戴笠还是笑嘻嘻的："只是例行公事，到时候我们再证明老兄是为我们工作的，不就结了。"汪时璟一想，只好如此，于是依计而行。

次日，在北平的十几个大汉奸不约而同收到一封以军统马汉三名义发出的请柬，曰："定于12月5日在城东北兵马司1号汪时璟公馆举行宴会，届时军统局戴局长笠应邀出席，敬请阁下光临。"

12月5日晚，北兵马司胡同车水马龙，汪公馆大门口张灯结彩。汪时璟身着裘皮里绵绸面长袍，笑容满面，作揖打拱，在门口迎接客人。

晚宴是7点开始的，相当丰盛，山珍海味样样俱全，各种名酒琳琅满目。当热气腾腾的火锅端上来时，姗姗来迟的马汉三才入席，说："兄弟奉戴局长之命，举行这次晚宴，是为了酬谢大家从日寇投降数月以来维持地方治安之功劳，戴局长有事，晚来一会儿，来！我先敬大家一杯。"他一仰脖子喝干了杯中酒，"来来来，先干为敬，都干！都干！"

诸人都站起来端起杯，有的一饮而尽，有的心里七上八下，端着杯子未动，更多人只是沾沾嘴唇。

大厅中，各处的蜡烛燃烧了一半，马汉三抬腕看看金表，才8点半，行动队员9点才能到，于是便说："来来，我一个一个地敬，诸位可不要敬酒不吃吃罚酒啊！"

诸人听了这句半真半假的话，呆若木鸡。

马汉三暗暗焦急，解释说："戴局长嘱咐兄弟我尽量招待各位吃好，喝好。各位执行中央指示都很坚决，维持地方治安，阻止共党共军接收北平，立下汗马功劳，将功补过，中央决不会难为你们的。"

邹泉荪说："马处长和戴局长的一片好意，我们心领了。既然中央不会难为我们，在座的心里就踏实了。为党国效力，理应如此，不敢言功，但求无过。天色不早了，我们原想一睹戴局长之英姿，遗憾的是缘悭一面，就不再叨扰了，客去主安，我们先走吧！"

众人皆云："我们先回吧！"便纷纷起身。

马汉三急了，向汪时璟使个眼色，汪时璟连忙挡住门："别走，别走，我这还有一道名菜，叫'霸王别姬'，一会儿就得，诸位千万赏脸。"

邹泉荪说："我看'霸王别姬'就算了，上个手巾吧，我们醒醒酒再走。"

"行行行。"汪时璟连忙吩咐人打热水，让诸位洗脸。

眼看洗过脸的人已穿上大衣，正欲动身，马汉三不时看表，急得来回踱步。这时条几上的大座钟响了,"当当当……"共九下,一个腰间斜插左轮手枪的人闯进来,径直来到马汉三面前,向马汉三敬礼,并大声说:

"报告,行动组奉命来到!"

"混蛋,怎么现在才来?差点耽误大事!"马汉三一脸怒容。

行动组长恭敬递上名单:"正好,不说9点整行动吗?"

马汉三接过名单,高声说:"在座的都别走,不听令者打死勿论。现在我宣布名单,念到名字的人都被捕了。"他打开名单念道:"王克敏(伪华北政务委员会委员长)、王揖唐(伪华北政务委员会委员长)、王荫泰(伪华北政务委员会委员长)、刘玉书(伪北平市市长)、黄南鹏(伪北平宪兵司令)、汪时璟(伪中国联合银行总裁)、齐燮元(伪华北政务委员会治安总署督办,治安军总司令)、潘毓桂(伪天津市市长)、张仁蠡(伪天津市市长)、张燕卿(新民会会长)、余晋和(伪华北政务委员会建设总署督办)、邹泉荪(伪北京市商会会长)、曹汝霖(伪华北政务委员会咨议委员)……从现在起,诸位就是被捕的犯人。生活上,我已奉命做好了安排,希望诸位安心守法,听候国法之审理。"

汉奸们如掉进冰窟之中,如梦方醒,这才明白中了马汉三的圈套,叫苦不迭,一个个瘫倒在沙发上,浑身哆嗦不已。

马汉三对众人说:"我们准备把大家送往炮局胡同监狱,这是中央的命令,本人不能作任何主张。"

众汉奸垂头丧气,鱼贯而出。汪时璟跟着忙活半天,也未及好好享受一下精美的饭菜,也被押着上了汽车。

是夜,北平全城戒严,各条马路上警车凄厉地嘶鸣,揪紧了大大小小汉奸的心。军统特务到处行动,翻墙砸门,搜捕汉奸。第二天,军统特务又在王克敏家抓捕了王克敏,在协和医院抓了王揖唐。

天津的军统特务亦同时行动。在大搜捕中，伪天津市市长潘毓桂、伪华北政务委员会建设总署督办余晋和、伪冀东防共自治政府主席殷汝耕、伪华北自治委员会绥靖总署督办齐燮元等数十人先后被捕。

二十天后，七十二岁的大汉奸王克敏在炮局监狱中病重而亡（一说为大烟瘾发），逃脱了法律的制裁。

〔三〕法网难逃

在公审汉奸的过程中,大汉奸陈公博心灰意冷,陈璧君咆哮公堂,褚民谊故作镇静,周佛海巧舌如簧,梁鸿志大喊冤枉……巨奸们在法庭上都有一个共同的特点,就是拒不承认自己犯了汉奸罪。

1945 中国记忆　汉奸大审判

  1946年的新年刚过，陈公博等一大帮关押在南京夫子庙宪兵司令部里的汉奸，就被转移到宁海路25号，这里原先是汪伪特工机关的看守所，现在成为关押汪伪大汉奸的拘留所。

  陈公博和梅思平、袁愈佺、胡毓坤等人关在一间囚室之中。虽然条件不如以前，但各牢房之间铁门是不关的，汉奸们可以串门，找熟人聊天。陈公博发现，这里面竟然还关押着他当伪主席时亲自批捕的、被判处极刑的伪粮食部长顾宝衡和次长周乃文。此二人因大量贪污粮食，惹怒了日军。在日本宣布投降后，陈公博曾下令将二人释放，但已经没有人去执行他的命令了。这倒是一个奇怪的场面：伪国民政府的囚犯又变成国民政府的囚犯，更滑稽的是当初审判"粮食贪污案"的汪伪最高法院院长张韬和伪法庭庭长陈恩普也被关进来，同是难友了。

  陈公博还是端着伪主席的臭架子，不喜与人交谈，只是自己写，每天除了写回忆录，便是写日记，打发日子。

伪粮食部部长顾宝衡

1946年2月17日，陈公博和陈璧君、褚民谊等被转送苏州监狱，准备接受江苏高等法院的审判。陈公博的心情一下子糟到了极点。

　　审判陈公博的法庭很小，设施很简陋，好像是有意不让太多的人去旁听似的。站在审判长孙鸿霖面前的陈公博，身穿灰布长衫，手上拿着厚厚的一摞自辩书。

　　检察官韩焘高声朗读起诉书，列举了十大罪状：

　　（一）缔结密约，辱国丧权。

　　（二）搜索物资，供给敌人。

　　（三）发行伪币，扰乱金融。

　　（四）认贼作父，宣言参战。

　　（五）抽集壮丁，为敌服役。

　　（六）公卖鸦片，毒化人民。

　　（七）改编教材，实施奴化教育。

　　（八）托词清乡，残害志士。

　　（九）官场贪污，政以贿成。

　　（十）收编伪军，祸国殃民。

　　陈公博听完后，略为镇定一下，拧着头高声狡辩：

　　"我虽不赞成汪先生离开重庆，我也不赞成汪先生组织政府，但如此比喻，殊为不伦……在从前汪先生受人痛骂，数年以来我都没有替他辩护。因为汪先生曾说过，为国家为人民，死且不怕，何畏乎骂？而且在战争时期，最要紧是宣传，非骂汪先生不足以固军心。我认为，抗战是应该的，而和平是不得已，汪先生是既求仁得仁，我又何心替他辩护？但现在不是抗战时期，而是在胜利时期，汪先生也逝世了，我们已不需要宣传。我们应该抑制感情，平心静气去想想：当日汪先生来京之时，沦陷地方至十数省，对于人民只有抢救，更无国可卖；在南京数年为保存国家、人民元气，无日不焦头烂额，忍辱挨骂；对于个人只有熬苦，更无荣可求。我对汪先生的行动是反对的，而对汪先生的心情是同情的。到了今日，我们应该念念汪先生创立民国的功勋，念念他的历史和人格，更应想想他在事变之前、事变之中，如何替国家打算，如何替蒋先生负责，对一个已逝世而不能复生起而自辩的人，不应该这样谩骂和比拟罢。

"我看起诉书各点，很多臆测之词，如'不能谓未参与谋议，自应同负其责''虽另有主持之人……亦应共同负担''然就……可以断言''不能诿为不知''当然由被告负之'。其实有许多不是我的事，或者是我连知都不知道的事，或者为绝无其事，也罗织起来。起诉书中常有一事，不引全文，而只截取一段。因此我认为起诉书中不是割裂事实，就是摭拾谣言，而且文字间很多是徒快口舌的文章，而不是根据事实的起诉。……"

此时，听众席上居然还有人在轻轻地鼓掌，陈公博又来了劲头，用一种讥讽的口吻说："不过，我对于检察官是很谅解的，当日我在重庆、在香港，极力谋党的团结、国的统一，那情形太曲折而复杂了，

法庭受审的陈公博

并非今日检察官所能了解的。迨至南京以后,为保存国家、人民元气和日本苦斗,如保存东南名省,使蒋先生能容易统一中国,那情形也太曲折和复杂了。"

此时会场上一片嘘声,审判长孙鸿霖不得不摇铃以求肃静。陈公博接着说:"在今日众议沸腾,真相不白,尤其是政治那样困难而波折,承办本案的检察官,即使他心里很明白而又肯负责任,哪一个敢挑起千钧重担,说陈公博可以功罪相抵?哪一个敢说陈公博无罪呢?"

他凝视着审判官:"不过,汪先生在生时,我是辅佐汪先生一个人,在汪先生死后,我名义上总是负军事、政治的全责,那就够判重罪,其实不必苦苦要罗织成齐齐整整的十大罪状也。"

旁听席上还有人叫了一声:"好——"

陈公博觉得心里很安慰:"末了,我愿意声明的,我于自白书中曾几次说,我对于汪先生的心事是了了,而对于蒋先生的心事还未了。所谓未了,因我想,如果中国今日还不能统一,恐怕更没有良机。除蒋先生以外,恐怕再没有人能统一中国。在日本投降以前,我的工作是铺好一条统一之路,等蒋先生容易统一,最低限度是使东南不敢有意外发生。在日本投降以后,我的心情是绝不愿损害蒋先生的尊严,蒋先生要我离就离,要我回就回,要判罪就判罪,束身以为服法的范则,使蒋先生更容易统一。本案说复杂是太复杂了,说简单也太简单的,因此请法庭随便怎么判,我决定不再申辩、不再上诉了。"

他一口气说完,几乎瘫在被告席上。法官宣布闭庭后,陈公博"身体疲乏得厉害,回到狱里,就横卧在榻上"。

4月12日,天朗气清,在法警的押送下,陈公博走向法庭听候宣判。

审判长孙鸿霖、推事石美瑜、推事陆家瑞坐在主席上,检察官韩焘

坐在公诉人席上。

审判长孙鸿霖起身大声宣判:"被告:陈公博,男,年五十五岁,广东南海人,住南京北平路64号。右被告因汉奸案件经本院检察官起诉,本院判决如左:陈公博通谋敌国,图谋反抗本国,处死刑,褫夺公权终身。全部财产除酌留家属必须生活费外没收……"

1946年2月17日,是旧历正月十五元宵节。光复后的第一个元宵节,南京市民众家挂起了纸灯,有的扎成兔灯、蛤蟆灯、荷花灯,还有的扎成英文"V"字灯表示胜利。孩子们更是兴高采烈,放鞭炮、提灯笼、走大街、窜小巷,嬉笑打闹,无忧无虑。从午夜起,一阵阵此伏彼起的鞭炮声,犹如阵阵春雷不绝于耳。

南京宁海路25号拘留所里冷冷清清,死气沉沉。一群待决的囚犯对元宵节早已失去了兴趣与热情。早晨5时许,看守到陈璧君、陈公博、褚民谊的牢房门前,分别通知他们:"蒋委员长要接见,望立即做好出发准备。"

不一会儿,陈璧君、褚民谊等人匆忙去了大门,一辆带篷大卡车早已停在路边,车上有几名军警,胸前挎着卡宾枪正等着他们。待人犯上车后,车便发动,经山西路口到中山路,没有往东,而向西北方向驰去。

陈璧君疑惑地问:"民谊,这车怎么往西开,上哪儿?老蒋召见应在黄埔路官邸,该向东开才对。"

褚民谊向外看了看,说:"可能是去铁道部1号官邸去见委座?"

只有陈公博预感不是好兆头,又不愿击毁陈璧君与褚民谊的美好愿望,紧锁眉头,一言不发。

车飞一样驰过铁道部巍峨的古典建筑,仍向北,直出挹江门。陈璧君的脸气得如同猪肝一般,大叫起来:"又骗到老娘头上来了!"她厉声问押送的人员，"老蒋在什么地方？想带我们去何处？快说！"

"夫人息怒，到前面便知。"押送者赔着小心。

卡车在下关车站停住，陈璧君、陈公博、褚民谊一行被押解下来，不一会儿进站上了火车。

"带我们去哪里？搞什么鬼？"陈璧君又叫起来。

火车开动了。路上，押送者告诉陈璧君等人："委座昨晚飞沪，蒋夫人亦在沪。嘱尔等赴沪去见他们。南京耳目众多，接见多有不便。"

中午时分，他们却在苏州下了车，一辆警车早已等在站外，喇叭与警笛尖叫着，押解他们至苏州江苏高等法院看守所。一下车，陈璧君又怒骂起来："卑鄙下流的东西，送老娘受审只管送便了，为何一再矫一国最高领袖之命骗我？"她叫骂着，双脚齐跳，但被看守人员架进看守所。

"咣啷"，一把大铁锁锁住了铁门，再听陈璧君的叫骂，显得那样苍白无力。

4月16日晨，狱卒走到陈璧君牢门外，叫道："陈璧君——今日法庭提审！"

陈璧君闻之，瞪起眼，大发脾气，骂道："混蛋东西，'陈璧君'这三个字是你叫的吗？当年国父孙先生不曾这样叫过我；你们的蒋委员长也不敢这样叫我。你是国民党下面雇佣的人，你也配这样叫我？"

"是，是，汪夫人，法庭今日传唤！"

"好！这还差不多，以后记住了。"

"是！是！汪夫人，请吧！"

陈璧君大模大样来到法庭上，只见人头攒动，熙熙攘攘。法庭内外，挤满了旁听之人。

汉奸大审判

检察官韦维清宣布陈璧君之犯罪事实及证据:"被告:陈璧君,女,年五十六岁……其通谋敌国,反抗本国,就此观察,尤为显著。被告因以上罪行,实犯《惩治汉奸条例》第二条第一项第一款之罪……"

陈璧君故作傲慢地申辩:"我与汪兆铭不是汉奸。当年蒋委员长与汪先生有分工,抗战方面由蒋委员长负责,和平工作是由汪先生任之。蒋委员长曾对汪先生说:'抗战易,和平难。'汪先生曰:'君为其易,我任其难。我不下地狱,谁下地狱?'和平运动亦是当时中央的决策;与中央抗战国策并无妨碍,为什么将'卖国'这只臭马桶套在我们头上?"

陈璧君气势汹汹地问:"说我们是汉奸,哪一块土地是我们放弃给日本人的?将大片国土让给日本人的不是汉奸,在日本占领区收复国土,组织政府,保境安平,系在援救沦陷区人民,不使人民受日本铁蹄之苦的人倒成了汉奸,天理何在?良心何在?"

在座法官大惊失色。韦维清用木槌敲着桌子,欲制止她继续往下说。

陈璧君揶揄道:"汪先生如今不在了,你们称之为汪逆,当年在台上时,你们哪个不敬之畏之,巴结颂扬?欺侮我孤儿寡母亦算不得本事。我主持省政?我主持特工?我从来就不看什么报告,我一个妇道人家会有这么大能耐?蒋先生防共反共,汪先生亦防共反共。我们在沦陷区实行清乡封锁,是为了防止共党及新四军,有何不对?你们说南京政府统治区民不聊生,为何清乡以后,百姓人口多有恢复,这又如何解释?"

这一连串的质问,使韦维清等人猝不及答,亦使法庭内外秩序大乱。

4月22日,江苏高等法院刑事庭对陈璧君进行判决。陈璧君被带上堂,依旧一脸傲慢之色。

审判长推事孙鸿霖宣布:"被告陈璧君,女,年五十六岁,广东新会人，住广州法政路三十号。右被告因汉奸案件经本院检察官起诉，本院判决如左：陈璧君通谋敌国，图谋反抗本国，处无期徒刑，褫夺公权终身。全部财产除酌留家属必须生活费外没收……"

陈璧君在法庭上受审

陈璧君满不在乎，不时"哼哼"嗤之以鼻。

公设辩护人高溶，在宣判次日问陈璧君要不要上诉。陈璧君气呼呼地说："我对判决绝对不服，但也绝对不要上诉。因为上诉的结果，必然还是与初审一样。"

5月17日，陈璧君汉奸案经江苏高等法院送请最高法院特种刑事第二庭复判，结果是"原判决核准"。

褚民谊被判死刑，好不甘心。他自日本投降后便主动协助、配合军统行动，无形中参与"诱捕"，之后又写自白书，料想亦能将功折罪。

1946年3月17日上午9时许，褚民谊在苏州的江苏高等法院看守所老老实实回答了检察官王文俊的问题，同时又为自己表功。问完后，书记官王雄亚将笔录给褚民谊阅，褚民谊签上字后被法警押回牢房。

四天以后，江苏高等法院检察官王文俊提交起诉书。褚民谊看后，一一答辩，最后，他在答辩书中写道：

"……总之，不要把有用之食物养一无用之老人，觉得太不经济，所以本人情愿以一死了之。因本人久将生死、毁誉、名利等置之度外。……

总之,蒋先生是主张抗战救国,汪先生是主张和平救国,彼此主张不同,而救国则一。现在胜利到来,抗战者可称劳苦功高,与国同休。可惜汪先生忍辱负重,中道崩殂,不获躬逢其盛,然而国真得救,吾知汪先生亦必含笑于九泉矣。本人追随两先生有年,一则庆其救国之告成,一则叹其救国之情良苦。倘谓罪所当诛,俾得追随汪先生于地下,决当引领待罪,毫无余憾。"

4月15日下午2时,江苏高等法院刑事第一庭公开开庭审理褚民谊汉奸案,到庭旁听者极多。褚民谊在法警押解下,走上被告席,身后一片唾骂"大汉奸"之声不绝于耳,他努力使自己平静下来。

检察官韩焘站起来说:"本案起诉要旨与起诉书同,褚民谊,你对检察官的起诉有何辩解?褚民谊,你有何辩论的吗?"

褚民谊:"我当然有一肚子的话要说。检察官说南京政府是想推翻重庆政府,说有了中央政府,何必再要南京政府?"褚民谊头一扬,侃侃而谈,"要知南京政府是在日本铁蹄之下,日本占领之特殊情形下,而来救国救民的。如果说他不抗日的话,则如中日基本条约改为同盟条约就较前减轻多了。和平救国是用和平的方法来折冲的,像重庆秘密派人来南京,决不追究,甚且或要掩护他们……"

他为汉奸们涂脂抹粉,狡辩说:"检察官说南京政府无

褚民谊在法庭上丑表功

利于人民之处，我可以举一个例：苏州如果没有陈则民当时出来维持，恐怕苏州到现在不是这样的，人民恐怕也要受到更大的害，这是苏州人所知道的。华中支那的几个公司早已成立，由于南京国民政府成立，后来交涉取消了四个。这都是在敌武力下以和平方法争回来的，这就是和平抗日。南京政府在日本人铁蹄之下来支持人民……"

褚民谊略显有些激动："本人认为我们中国这样一个大国家不应孤注一掷，一定要像汪先生所说，忍辱负重来维持地方与人民，而来收回失地才对。……我的意思是说，如果英美登陆仍在抵抗而不策应是汉奸，或胜利后还在拥兵自重的也是汉奸。南京政府于敌人投降之后的第二天

褚民谊（右二）、林柏生与伪军高级将领在一起

即自动撤销，就不应算是汉奸了。"

褚民谊稍喘了一口气，继续说："再说到日本投降后至今，中央有许多地方还未接收到，而南京政府昔所能统治的地方都是在抵抗别的组织，我们等待中央来接收，所以现在江南一带能有今日，这都是南京政府的力量，人人所共知的，不待本人赘述。这不能说南京方面无利于国家吧？……"

当褚民谊被押出法庭时，一天春雨，飒飒而至。他心里明白，虽平生九死一生，如今却难逃法网，但他想到一个或许能活命的方法。

1942年3月下旬，褚民谊得知孙中山逝世于北平协和医院后，其遗体后奉安南京东郊紫金山，而其内脏当时存于协和医院，褚民谊认为是"奇

褚民谊从北京将孙中山的灵脏送回南京

货可居"。于是他趁在北平公干之际，寻得孙中山之内脏，分别用玻璃瓶盛好，再用药水浸泡，瓶外覆国民党党旗、国旗各一，再以两木匣装好，带至南京。

褚民谊请法官将孙中山先生内脏转呈政府，希冀以此"宝物"获得政府宽大。

褚民谊的保命方法并未奏效。4月22日，江苏高等法院刑事第一庭开庭，审判长孙鸿霖庄严地宣布：

"被告褚民谊因汉奸案件，经本院检察官起诉，本院判决如左：褚民谊通谋敌国，图谋反抗本国，处死刑，褫夺公权终身。全部财产，除酌留家属必须生活费外没收。"

褚民谊欲哭无泪，好不甘心。

1946年3月的一天，重庆大白天天阴如晦，远远的嘉陵江上吹来的风，仍有料峭之意。白公馆的院里，阵风卷起尘土，打着旋，飞出高墙之外。

周佛海独自凭栏，想到古人的诗"山雨欲来风满楼"，不由感慨万端。

一个军统特务匆忙上得楼来，哭丧着脸："周先生——"

"出了什么事了？"周佛海一惊。

"戴老板死了，是飞机失事，这是报纸。"特务将手里的报纸递上。

周佛海接过报纸一看，如同五雷轰顶，又像三九天掉进了冰窟，浑身乱抖，惊得竟说不出一句话来。

半晌，那人拍拍他的肩："周先生，好自为之吧。"

深夜，周佛海失眠了，回忆他与戴笠的交往，尤其想到数年前他的母亲被戴笠接到贵州息烽后，忽患急病，戴笠亲自送他的母亲去贵阳中央医院医治。周母去世后，戴笠代周佛海执孝子礼，哀恸欲绝，在其墓前跪着，并将此照片寄给周佛海，令周佛海感激涕零。

"雨农死,我也完了……"周佛海想到此,不禁热泪涟涟,为了戴笠,更为他自己而号啕。悲痛之余,写诗以寄托哀思:

> 巫峡云垂雾气横,闭门独坐倍伤情。
> 惊心旧友成新鬼,彻耳欢呼变怨声。
> 披发徒劳投火宅,扪膺幸来误苍生。
> 是非功罪浑无据,付与巴山月夜评。

周佛海在日记中写道:"……缪斌亦解苏,其为惊异,盖缪与军统局早有联络也,乃苏法院首先开审,首先宣判及执行死刑均系缪。报载军统局移送文谓缪虽不无微功,乃属投机取巧。……"

几天后,周佛海在院里碰见丁默邨。丁默邨愤愤不平地说:"缪斌被宣判了死刑,军统与戴笠都说话不算数,等于放屁。'虽不无微功,乃属投机取巧',这叫什么话?能不叫人寒心。"

周佛海劝道:"默邨,不要发牢骚了,昔日座上客,今为阶下囚,将来亦可以此语加诸吾辈。"

此语不幸而言中。

6月15日,军统令杨淑慧由渝回京,军统局负责人郑介民拍着胸向杨氏表示:周先生之案不会移送法院。

四天以后,法院即通知杨淑慧回沪,逼其交出周佛海隐匿的财产。周佛海在日记中说:军统的目的,"俟财产逼清,再送法院"。

8月6日,周佛海等被押回南京,先关押在宁海路看守所,他的牢房就是原先褚民谊住过的。他哀叹道:"呜呼!重行(褚民谊之字)已作古人,幽明路隔,即梦中恐亦不能重晤也。"

很快，军统将周佛海的案卷移交首都高等法院。

10月上旬，南京朝天宫首都高等法院挤满了旁听的人，公诉人起诉了周佛海。法庭上，周佛海对所犯罪行进行了答辩。他聘请了全国著名的大律师章士钊为自己的辩护人。

章士钊与周佛海之岳父杨卓茂为总角之交，自愿为其义务辩护。

章士钊向首都高等法院调阅了周佛海的有关案卷后，向法院进行陈述："本案在汉奸档册之中，是很特殊的一案，其他的汉奸案例止于论罪，而本案功罪相掩，只是二者轻重大小而已。……"

章士钊竭力为之辩护说："今国家苟得敉平，隐忧甚大。……若于此低昂过甚，情法未谐，阻人自新之路，寒人向善之胆，在天下纷纷之今日，利害得失实难测知。辩护人期期不敢苟同军统及检察处之所见以此。惟大院平反而谳定之，国家之幸！"

章士钊特意指出："综之，军统局之于被告有利证据甚多保留，其缘何保留，辩护人当然莫测高深。惟望审判长查阅此类证据时，表面文字而外，别运自由心证，定其曲直是非所在。夫大刑者，国家不得已而用之，死之而致生之，乃是国家明刑正理。多加揣测，抹煞实迹，以致本案濒于失入，期期未敢苟同。……审判长力矫此失，树之风规。"

10月21日上午9时许，首都高等法院第一法庭在朝天宫文庙大成殿对周佛海进行公审，前后长达五个小时，观者达万人之多，创下审判

周佛海在法庭上巧舌如簧

汉奸以来的最高纪录。

周佛海在冗长的自白书中，除了说明自己担任的十数种伪职属空头名义和性质外，着重说明了自己早已自首并配合重庆方面开展抗日工作，委婉地否定了检察官指控他"通谋敌国，图谋反抗本国"的罪名。

抗战时期由重庆派往上海、南京等地，被汪伪特工逮捕，经周佛海保释的国民党中央工作人员马元放、蒋伯诚、吴绍澍、吴开先、程克祥、彭寿等人，都愿意为周佛海作证。陈立夫亲自为周佛海写材料，证明他是"地下工作者"。第三战区司令长官顾祝同也出具了对周佛海有利的证明。

从这些人证、物证来看，周佛海的确与军统及中统有联系。

11月2日，南京的首都高等法院在朝天宫公审周佛海。上午9时20分，周佛海在法警的押送下来到法庭。

当时旁听的民众及新闻报纸上都有对周佛海表示同情者。尤其大律师章士钊的雄辩，"引经据典，娓娓动听，惜其声章稍低，且稍带湘音，听众不能全闻全懂耳。其余两律师——根据法律发言，根据有利证据立论，均甚精彩"。

当法官宣布退庭时，竟"庭外听众仍以掌声相送，经法警强制乃止"。

11月7日，首都高等法院在南京朝天宫对周佛海汉奸案进行判决。

审判长赵琛高声宣判："被告周佛海，男，年五十岁，湖南沅陵县人，前中央宣传部部长，住南京西流湾八号，现在押。……右被告因汉奸案件经检察官起诉，本院判决如左：周佛海共同通谋敌国，图谋反抗本国，处死刑，褫夺公权终身。全部财产除酌留家属必需生活费外没收。……"

周佛海仿佛是扑身于一个美好的希望之中，等到发现这一切只不过是镜花水月，是一场梦时，一时间竟傻了一般，突然嘴角露出一丝惨笑。

1946年5月9日，在上海提篮桥监狱的梁鸿志收到检察官戴荣铎送来的长达三千多字的起诉书。没几天，他的狱友、伪《新闻报》社副社长陈日平被法院判了无期徒刑。梁鸿志就感到身上一阵阵发冷，要按级别、罪行，他要比陈日平多了去了。不久，缪斌、陈公博相继伏法的消息传来，梁鸿志更是坐立不安，吃不下、睡不着。

6月5日下午，梁鸿志被法警押上法庭进行公审。他辩白曾为抗日做出过贡献，声称自己组织伪维新政府的动机，实在是当时中央不能收复失地，更无法将沦陷区的民众迁移内地，念及华中三省是国家精华所在，人口占全国人口的四分之一，而自己不忍见生灵涂炭。为保存国家元气，减免人民痛苦，于是才挺身而出云云。

梁鸿志任伪中华民国维新政府行政院长时，发表演说

南北汉奸头目梁鸿志（左）与王克敏会晤

6月14日下午，法庭再次开庭，梁鸿志的律师拿出了行政院院长孔祥熙的亲笔信，证明梁鸿志的确有电报去重庆表明自己不甘附逆的心迹。在经过长达五个小时的庭审和辩论后，形势似乎乐观起来。梁鸿志回到监狱后，给孔祥熙回信表示感谢说："庸公院长赐鉴，昨日对簿公堂……倘邀公之福，得以余生，著书蚕室，成全之德，生生世世所不能忘也！"

一个星期以后，即6月21日，法庭庭长刘毓桂当庭宣判：梁鸿志判处死刑！

梁鸿志大喊"冤枉"，提出申请复审，理由如下：

（一）出任伪职志在救民保国。

（二）与敌人订立各种协定系争回权利。

（三）曾坚拒敌军征收军米及取回被敌掠去之南京古物书籍。

（四）对于汪逆之中政会议从不参加，即参加亦不发言。

（五）曾于二十九年输诚中央，报告敌方机密，并曾营救沦陷区政治工作人员；胜利后在先遣军工作，维持京沪治安，且于三十四年七月十五日向军事委员会调查统计局自首等情，应在减免其刑之列，因而其不服原判，申请复判。

梁鸿志指责：

　　法庭原判认事、用法均有错误，及原审未就其有利事项尽其职权调查能事之理由，申请论旨分析论断如下：

　　国军撤出淞沪以后，敌方招招进逼。申请人（指梁鸿志）出而组织维新政府，冀于水深火热之中，稍解人民倒悬之苦。原判所称"组织伪政府，下设两院八部，统辖三省两市，总揽大权，发号施令，窃踞华中，形成割据，此与由商人组织之维持会迥不相侔等语"，系完全注意于组织之形式，而绝未顾及申请人当时之目的。盖申请人目的既在于拯救沦陷区人民，保存国家元气，在本质上实与维持会相同，不过组织方面较为扩大而已。且沦陷区内中央之政令既鞭长莫及，秩序紊乱，寇氛日亟，大势所趋，不出几种局面：

　　第一，陷于无政府状态；第二，由敌人直接管理；第三，由地方人士抱绝大牺牲决心，组织伪机关，折冲于人民敌寇之间，志在救民，绝无反叛政府之犯意。

　　梁鸿志在法庭上多次受审。他博学强记，诗文兼优，发音洪亮，在气势上颇能压人，妄图用诡辩技功，为自己犯下的罪行开脱责任。但无论怎样辩白，还是被法庭以汉奸罪论处："处以被告死刑，剥夺公权终身。酌留家属必需生活费外，没收其全部财产。"

　　审判长宣布退庭，梁鸿志头脑乱哄哄的，突然旁听席上，一声又一声童稚的奶声："爹爹——爹爹——"

　　他回头一看，他的二十多岁的新夫人正抱着幼女，泪眼潸潸地望着他，

1945中国记忆 汉奸大审判

梁鸿志（左三）被法庭判死刑后，被押往监狱

不懂事的女儿正张着小手让他抱。他赶紧转过头去，强忍住泪水，在法警的押解下，踉踉跄跄，女儿、夫人的哭喊声渐渐地远去了。他努力镇定下来，缓缓向监狱走去。一进院子，许多犯人都拥在牢门窗口，向他挥首示意。他明白，他们关心他的目的，无非担心个人的判决。他抬头望望他们，尽量使步履平稳，脸上很勉强地露出一个微笑，举手伸出一个大拇指表示判了极刑。梁鸿志想起了陈公博在苏州枪决时，自己写的悼念诗，不觉吟出其中的二句：

"逝者如斯行自念，路人犹惜况相亲。"

梁鸿志向自己、向牢房中的待决之徒们表明了他将和陈公博同一下场。

梁鸿志要求复审的判决下来了。最高法院特种刑事法庭判决如下：

　　本件被告即申请人梁鸿志（以下简称被告）初在北京政府

任国务院参事、参议院议员、执政府秘书长等职。至国军北伐成功，奠都南京后，息影杭州。民国二十六年八月间，中日战事发生之初，移民上海。厥后京沪相继续沦陷。政府迁都重庆，被告乘此时机，纠集温宗尧、陈锦涛、陈群等向敌通款筹设华中伪政权。

于二十七年二月二十八日在南京成立所谓维新政府，发表宣言，设置两院八部，统辖三省两市。被告自任伪行政院院长，总揽一切。改用五色国旗，主持议政会，招募军队，攫夺海关，并陆续与敌酋签订铁路、电信、盐务、银行协定，与敌合营华中铁道、电气、通信、盐业、轮船等公司及华兴银行。复与华北伪临时政府首领王逆克敏会商，于二十七年九月间成立伪中华政府联合委员会，共同发表宣言。

同年十一月间东渡访问敌方军政首要人物，以资联络，归国后发表访日感想。迨二十八年四月间，汪兆铭背叛党国，潜来上海，筹组伪国民政府。被告与汪逆兆铭、王逆克敏数度磋商，后即于同年九月二十一日及二十三日，先后以伪维新、临时两政府名义，共同发表宣言，响应汪逆主张之和平运动。翌年一月间在青岛开会，共同决定组织伪中央政治会议。

三月二十日，又开会于南京，议决中日关系调整案及伪国民政府在首都正式成立，共同发表所谓还都之宣言，并伪国府政纲。同时伪维新、临时两政府宣言解散。被告改任汪伪监察院院长兼伪中央政治委员会委员。至三十三年十一月二十日。因汪逆兆铭病故，陈逆公博继任伪国民政府主席，被告乃接汪伪立法院院长，至日寇投降为止，迭经被告供认属实，并有伪维新政府各院部职员表、特务机关卷、机要密件卷、华中电气通信公司卷、华中通信军事协定卷、中日条约周年纪念论文卷、宣传文卷内伪维新政府实录、伪铁道部外债借款、伪维新政府初周纪念册、和平反共建国文献、伪南京新报两周纪念特刊之记载及伪临时政府卷与宣传卷等证件，可资证明。其犯罪事实自属毫无疑义……

(四) 丑态百出

缪斌祸从口出,死不甘心;陈公博与陈璧君告别,苦笑走向刑场;褚民谊被判死刑,还充硬汉;枪毙林柏生,吓死了三个汉奸;梁鸿志法场吟诗;殷汝耕临刑前,自己超度自己;丁默邨找瞎子算命,希望躲过一劫;王揖唐临死前大放悲声;周学昌狱中嫖娼,做鬼也风流。

缪斌与蒋介石不是一般关系。早在北伐时代，他就是黄埔军校教官、国民革命军第一军副党代表等，曾任国民党中央委员会执行委员、立法委员等职，也是一位响当当的角儿。

抗日战争以后，缪斌当了汉奸，先任新民会会长，后为汪伪国民政府立法院及考试院副院长。但他与汪伪集团高层关系不睦，尔虞我诈，钩心斗角，于是长居沪上。

1944年，日本政局动荡。新内阁首相小矶国昭与海相米内光政等人一上台，便面临美国即将进攻日本本土的严峻形势。小矶国昭等人主张应与中国实行停火，使中国脱离英、美阵营，并主张日本与苏联结成统一战线，一举扭转不利战局。

是时，汪伪政权渠魁汪精卫已病入膏肓，朝不保夕。小矶国昭便通过内阁国务大臣兼情报局总裁绪方竹虎邀请缪斌访日。绪方竹虎写信给南京支那派遣军总司令部总参谋长松井太久郎，代邀缪斌访日，但被日军派驻汪伪政府的日本军事顾问柴山兼四郎制止。

1944年11月16日，缪斌自上海至南京，见周佛海，得意洋洋地说："重庆方面希望美军在华登陆前日本撤兵，蒋先生并不希望美军来华。"

周佛海问:"你何以得之?"

缪斌大言不惭地说:"我与军统有关系。"

周佛海说:"让日本撤兵,只有我可以办到,但日本撤兵后,渝方无和平表示怎么办?我希望渝方秘密来一人进行谈判。"

缪斌神气地说:"我就可代表重庆谈判。"周佛海听后极反感,认为他在胡说八道。

同年12月9日,日本最高战争指导会议指示支那派遣军总司令官冈村宁次大将直接办理对重庆的政治工作。冈村命令其总参谋副长今井武夫开设了与重庆的无线电通信线进行联络,但双方立场相距甚远,没有进展。

缪斌

缪斌好大喜功的性格,使他自己冒了出来,认为扭转乾坤的时刻到了。他自告奋勇,要求上海日本宪兵队准其用无线电台与重庆联络,充当双方的中介人。

小矶国昭见其可利用,于是再次邀请缪斌访问东京。缪斌在东渡之前,秘密与军统联络,请他们将此行报告蒋介石。很快,军统转达蒋介石电谕,准其为秘密使者。

1945年3月16日,缪斌从上海虹口机场直飞东京。在茫茫无际的东海上,自大自负的缪斌自认为有扭转乾坤的力量,在层层叠叠的云海之上,口吟一诗以言志:

全局黑白愈分明,挽救狂澜在此行。
保得东海一角在,休愁西洋百万兵。
骄横便觉仇人多,患难方知兄弟情。

独惜伊藤早谢世，谁来与我订誓盟。

在这首诗中，缪斌自比李鸿章一类人物，具有掌握中日双方命运的决策大权，认为日本却缺少签订《马关条约》的伊藤博文之流角色，狂傲之极，可见一斑。

缪斌充其量在汪伪政府中只能算作是三流人物，在东京却被当作国宾对待，住进了首相迎宾馆。当晚，他与绪方竹虎会谈时，便拿出自己拟定的《中日全面和平案》。

绪方竹虎将《中日全面和平案》交给小矶首相。3月18日夜，双方进行了会谈，经讨价还价后，小矶国昭首相说："此方案要经过最高战争指导委员会讨论才能决定，我本人没有决定权。"

缪斌说："我与蒋委员长公谊私交极深，此案如能通过，我在东京便直接与重庆方面进行联络，谅必无问题。"

小矶国昭在日本最高战争指导会议上报告了缪斌来日之经过，以及缪斌提出的《中日全面和平案》，并说欲以此案为基础，准许缪斌在东京使用无线电台直接询问重庆方面的意见。

陆相杉山元首先发难，指责小矶首相荒唐："缪斌为重庆和南京都不堪大用的角色，此人如今以何种资格来当此重任呢？"

小矶回答："缪斌自称为蒋介石的秘密代表，但没有身份证明。"

外相重光葵说："就缪斌的地位来看，他所提出的方案要日本让步，只会被他个人及重庆利用，不能达到真正的和平的目的。何况，驻南京大使谷正之来电说，利用缪斌既违反了过去的决定，又轻视了南京政权，决无成功的希望。"

米内光政海相也一反过去支持首相的积极态度，表态说："一国首脑轻易与缪斌举行会谈，结果只让对方获得情报。日本与其会谈，并不能有搜集情报的便利，反而有泄露立场的危险。"

参谋总长梅津美治郎指出："即使缪斌策动成功，在美军的威胁下，日军撤退也必发生危险，这样说与缪斌的工作是徒劳的。"

在一片责难声中，小矶国昭首相单独晋见日本天皇，将拟与中国重庆政府的和平交涉计划报告了裕仁天皇。

裕仁天皇认为："和平工作通过缪斌这种人是不能成功的，请送缪斌回上海。"

缪斌此行以失败告终，并导致了小矶国昭内阁的倒台。

缪斌却以此为资本，到处吹嘘。日本投降后有几次军统人员要逮捕他，缪斌就拿出一张电文说："老子有蒋委员长的电谕，我是派到汪伪方面进行策反的，不信你们去问蒋委员长！"果然，画符吓鬼，他几次化险为夷，于是更加狂妄，将他去日本谋和的经历说成是奉了蒋介石的命令，这无疑将蒋介石与日方勾结的秘密宣扬出去了。

1945年10月，在何应钦直接指示下，缪斌以汉奸罪被逮捕，1946年4月被押送苏州江苏高等法院受审。

在法庭上，缪斌仍夸夸其谈，说："我与军统局中有联系，民国三十三年冬曾赴东京与日本首相小矶国昭会谈，此行是奉中央之命与日本谈和的，南京与重庆方面的重要人物都知道此事。"

缪斌口没遮拦，大肆渲染与蒋介石的特殊关系，声称自己是重庆方面的密使，身负使命，去东京谈判和平方案。连美国方面都出面询问为何重庆政府在日军投降前一年还秘密与日方妥协？还说缪斌有蒋介石命其为代表的手令，是真是假，所传确实否？

蒋介石对此大为震怒，手令："缪斌可杀！"

军统局移送缪斌之文中说:"缪斌对抗战虽不无微功,乃属投机取巧。"缪斌旋即被江苏高等法院以极快的速度进行审判,并宣判死刑。

1946年5月21日下午,缪斌在苏州伏法。"嘣嘣"两声枪响,缪斌倒地,气绝身亡。缪斌成了第一个被审判,并第一个被枪决的汉奸。

1946年5月14日,最高法院特种刑事法庭驳回了陈公博的上诉,核准江苏高等法院对陈公博死刑的判决。

陈公博青年时代投身革命,参加过共产党,是中共一大代表。之后,陈公博又追随汪精卫,再投靠蒋介石。抗战期间他到了香港,在汪精卫成立伪政权后,最终挡不住汪精卫的诱惑,到南京出任伪立法院院长。

在汪精卫病死后,陈公博出任伪国民政府主席一职,成为头号大汉奸。他临刑前,对于离开这个世界,而且是作为汪伪国民政府主席,戴着头号大汉奸的帽子走向死亡,感到莫大的委屈与凄凉。

在日本投降后的一段日子中,陈公博维持了东南半壁江山,并将这份厚礼贡献给了蒋介石而未给共产党。就冲这份良苦用心,他认为蒋介石应网开一面,不致于斩尽杀绝。然而自汪精卫死后,他便成了中国最大的汉奸。蒋介石还都后,为了向国民表明肃奸的决心与勇气,必借他的头颅以平天下之民愤,这也是意料之中的事情。于是,陈公博带着非常复杂的感情写下绝笔诗:

青年时期的陈公博

束发受群书,道义深自矢。
游侠慕朱郭,尚志鄙金紫。
拔剑批龙鳞,弯弓叩虎齿。
少小从军行,单骑渡韶水。

亡命走山泽，校字隐鲛市。
革鼎遂初服，折节乃下士。
恃此胆肝烈，愿为朋友死。
只求心所安，不计身之毁。
但得国幸存，宁愿名之圮。
友谊泰山重，性命鸿毛比。
兆民欣有托，寸心喜无愧。
身虽受羁囚，心幸绝渣滓。
犹有忧不去，烽烟倏四起。
独有意难平，祸乱尚未已。
头悬国门上，眠看敌师迩。
功罪与是非，何必待后史。

在这首诗里，陈公博自诩幼读诗书，早懂大义；参加反清革命，夜渡韶水，亡命他乡；投身和平运动，是为朋友两肋插刀，动机是为国幸存，因此不计较声名狼藉；建立伪政权只是为庇护百姓，问心无愧，以上均为剖明心迹，为其卖国行为做辩解。诗后一段说，他死不甘心是为中共坐大，"祸乱"难平。意为告诫国民党，真正的敌人不应该是他陈公博，而是共产党，故尔他的是非功罪不必待后人评说，当时就已清清楚楚。

具有讽刺意味的是，蒋介石根本不会听他的泣血哀告了。这便是他最大的伤心之处。

6月3日上午是陈公博最后的日子。当法警打开阴森的牢门时，他认为应该走得从容镇定。他换上干净的衣裤，擦亮皮鞋，收拾停当后，将自己用的紫砂茶壶拿起，端详许久，对法警说："请少待，我去向汪夫人告别。"

陈公博来到陈璧君的牢房外,叫了一声:"汪夫人,我来向你道别。"

陈璧君心头一紧,只觉五内俱崩,"哇"的一声竟哭了出来。

陈公博递进茶壶凄然说:"汪夫人,这是我的旧物,我身无长物,留它给夫人做个纪念。"

陈璧君痛哭失声。

陈公博恭恭敬敬地鞠个躬:"夫人,保重,我先随汪先生去了!"

陈公博在临死前,犹向蒋介石表示忠心。他法场旁写遗书致蒋介石。他写道:"我虽然死,我决不对先生有什么怨词。先生置我于死,自然有许多理由,或者因为我以前随汪先生反过先生,或者因为参加南京的组织,或者因为国际的关系,或者因为国内的政治关系,甚至或者因为恐怕我将来对于国内统一是一个障碍。凡此理由,都可以使我死。而以上几种理由,我都愿决接受。"他长叹一声,心犹未甘,继续写道,"悬悬放不下的还是一个共产党问题,因为这个问题,关系到国家前途,关系到党的前途,更关系到先生的前途。……我虽然死,不得不尽量和先生说,或者死之言可以使先生动听,也未可知。写到此,感想万端,再一想,稍等片刻,我将离开这纷扰繁杂的钩心斗角的尘寰,一切荣辱毁

陈公博被枪毙后的情景

誉我也不再知道，何必再替他人操心呢？我这一辈子，坏就坏在有一颗不甘寂寞的心。佛教说四大皆空，也罢，我也空空吧。"

陈公博掷下笔，苦笑着走向刑场。为表明自己是一条有"侠肝义胆"的汉子，他回头笑着对行刑者说："兄弟，感谢你送我走，请多帮忙，为我做得干净些。"

枪响了，像放鞭炮一样，陈公博倒下了，血涌出来，流了一地。

褚民谊亦被江苏最高法院判处死刑。他强装镇定地说："本人以今日得死刑之判处，真所谓皆大欢喜，但是大家要晓得，虽则本人自请处以死刑，但绝不是自己承认有罪，不过是我求仁得仁而已。"

褚民谊嘴上说求仁取义，但还是非常想活下去。外人不知晓，他的妻子陈舜贞岂能不了解？她向首都最高法院提出申请状，要求复审。

1946年5月29日，最高法院特种刑事法庭驳回上诉，对于江苏高等法院之判决为：原判决核准。

陈舜贞不服，多方奔走，终于在炎炎的夏季有了回音，蒋介石对褚民谊的汉奸案有了从轻处分之手谕，内容究竟如何？不得而知。

8月23日，苏州城已有阵阵秋意，暮蝉凄切，回响在苏州狮子口第三监狱的刑场外。一声枪响，结果了褚民谊的性命，却留下种种传说。

有一种说法是：蒋介石曾将从轻处分褚民谊的手令，交其妻陈舜贞亲携，让其面交江苏高等法院审判长孙鸿霖。在陈舜贞

褚民谊被枪毙后情景

坐车从南京去苏州的途中，不知是被小偷还是蒋介石指使的特务将手令偷走，陈舜贞当时拿不出凭据，褚民谊遂被枪决。

第二种说法是：最高法院已复判维持原判，将蒋介石的手谕顶了回去。到底如何？猫腻太多。

早在陈公博被处死时，褚民谊挥泪为其撰写挽联云：

生为革命奔波无惭真角色，
死于和平奋斗不负好头颅。

这与其说是挽陈公博的，不如说是挽自己的，至死，褚民谊也不承认自己有罪，可谓死不悔改矣。

1946年10月8日，南京老虎桥，首都监狱大门前门禁森严，头戴钢盔、手持美式冲锋枪的警卫，警惕地注视着来往的行人。高高的狱墙上布满带电的铁丝网，墙角上设有岗亭，内架机枪，对着墙内的每一个角落。

大墙里面犯人的生活，却不像人们想象的那样悲惨。这里的牢房门终日开启，犯人可以自由串门，谈天说地，可以自由在院中散步、晒太阳；大小便不在牢房内，免去污秽臭浊之苦，而且家属亦可在家做了可口的饭菜送入牢房；每晚10时以后，犯人入睡后狱卒才用大锁将牢房紧锁。

这天下午，监狱异于往常，狱卒们手执铁锁，吆喝着犯人各自回号房，声称："有要人来参观。"待犯人们陆续进入牢房后，"咔嚓，咔嚓"，紧锁狱门。

一个狱卒走到原伪安徽省省长林柏生与原伪天津市市长潘毓桂牢房外，对着门上的小方孔说："有一位大人物来，要接见林柏生先生，请出来。"

林柏生起身向外走，潘毓桂问了一声："林先生，什么人要见你？"

林柏生似乎预感到什么事将要发生，默默地摇摇头，一言未发，出了牢房。

犯人们都挤在门孔前向外看，院中依然。

下午 2 时 50 分，首都监狱刑场上，审讯台已布置完毕。首都高等法院检察官陈绳祖、典狱长孔祥霖与书记官王步云在审判台前就座。

狱警押着林柏生到场。当死神降临到林柏生的头上时，他的心反而平静下来。5 月 31 日，当首都高等法院刑事庭审判长推事赵琛宣布："被告林柏生因汉奸案件，经本院检察官起诉，本院判决如左：林柏生共同通谋敌国，图谋反抗本国，处死刑，褫夺公权终身，全部财产除酌留家属必需生活费外没收。"林柏生手足冰凉。从那以后，每天每时每刻，他的心都提到了嗓子眼，没有比被宣判了死刑的人等待执行的那段日子再难受的了。他终日风声鹤唳，草木皆兵，心惊肉跳，如坐针毡。然而，这一天，这一刻终于等到了。

这期间，林妻徐莹多次向首都高等法院申请，要求对林柏生一案进行再审，并提出林柏生曾暗中联络中央军部，派员与第十战区长官部接洽等理由，而且前第十战区司令长官、现安徽省主席李品仙和中央地下工作人员李秉中等人都出具了证明。这一度使林柏生对生的期望又多了几分幻想。但到了 10 月 7 日，徐莹要求再审之请被驳回后，林柏生又处在惶惶不可终日的死的恐怖之中。而现在，这一切彻底完结了。

"踏实了，踏实了！"林柏生嘴里嘟囔着，目光痴呆地站着。

检察官提高了声音："本案判你死刑，业经判决确定，经奉最高法院检察署转奉司法行政部令准执行，今天将你提案执行死刑。请看，这是最高法院检察署的训令。"检察官向他出示了训令。

林柏生心如止水，一无表情，机械地回答："好的。"

林柏生

检察长见他木呆呆的样子,说:"你神智镇定些,你对你的家属有何遗言,本处代你转知你的家属。"

林柏生瞪着检察官,大声说:"检察官执行国家纲纪,我没有什么不镇定,我想写几个字给家属,请求核准。"

狱警递上纸笔,林柏生写了遗嘱和一首诗,说:"请转交我家属。"

检察官问:"你还有什么话说么?"

林柏生说:"还有经章纪念册一本及小条幅三条,也请交我的家属。"

检察官问:"你还有遗言么?"

"没有了。"林柏生似哭似笑,声音是那样苍白、无力。

此时,一只黄色的蝴蝶正翩翩起舞,自由自在地飞过高墙,林柏生不觉看呆了。一声枪响,像从遥远的地方传来,又向遥远地方传去,林柏生向后一仰,倒在草地上。子弹由脑后进,从额颅正中出,打得好准!然而他的生命还在挣扎,手足抽动,不肯离开这个人生大舞台。数分钟后,狱警又照林柏生的额颅下方开了一枪,子弹从脑后左方而出,当场毙命,一切复归寂然。

枪毙林柏生的两声枪响,吓倒了在老虎桥监狱里关押的大小汉奸。汉奸文元模、李绍唐、余晋和被吓成重病垂危,后保外就医,"但不出三日,均即逝世"。周佛海痛哭失声,"不怿者旬日"。

梁鸿志进行了上诉,结果依然如原判,自知死期将近,便忙忙碌碌起来,吟诗写字,撰《直皖战争始末记》,写遗嘱。狱卒及同狱犯人请他写中堂、条幅的纷至沓来，他三伏天挥汗如雨，在溽暑如蒸的牢房中，只着一条大裤衩，硕而肥大的身躯趴在席上，悬腕作书，夜以继日。

狱卒念其辛苦，寻得蒲扇一把给他，并提出牢房光线太暗，要不要添一盏灯以照明。梁鸿志哈哈一笑说："这叫十方昏暗灯何用？"他将入狱后的诗，以工笔小楷抄写，有百余首，取名为《入狱集》；又将被判死刑后的诗百余首，辑为《待死集》。

某日，梁鸿志对同狱犯金雄白说："死，对死者来说，是一种解脱，超脱尘寰而去，既不可怕，也不悲伤。但死即意味着对生者的永别，当赴死的一天来到时，当我向你握手诀别之时，我真不知将怎样忍受这一刹那间的苦痛。"他长叹一声，"我死无它，但我的幼女方两岁，童稚失怙，其母又方盛年，能否为我守终，殊不可知。如她一旦远离而去，请念同难之谊，请贤伉俪对我这一弱息加以抚领，临命托孤，请勿固却。"

金雄白忍泪答应，随即花一根金条收买狱医，以重病为由，待在医院以逃避与梁鸿志诀别。

孰料，梁鸿志竟在临死前数日，在狱卒押解之下来到医院看望金雄白。他斜倚在病床上，突然表现了对床的无限渴望与眷念，凄楚地说："到底有床要舒服得多！"他想起家中那只红木雕花的描金大床和他一生睡过的各种床，真是有一种难言的痛楚，"此生我已无望了。"他又握住金雄白的手说："你为什么不来看我一下，有几次再能相见？"

金雄白哽咽着说不出一句话。

1946年11月9日清晨，提篮桥监狱的犯人们刚吃过早饭不久，正在散步闲谈。狱卒们匆匆喊着："收风，全体回号。"

"又要枪毙人了，这次不知厄运降临谁的头上。"犯人们在猜测着。

狱警哗哗响的钥匙，打开了沉重的铁门：

汉奸大审判

"梁鸿志——请吧——"

梁鸿志极力保持平静,掸掸蓝布长袍上的灰尘,换上黑色布底缎面鞋,迈着方步走出狱房,抬眼向邻牢望去,只见各牢门方窗口均挤满了被扭曲的一张张脸,他向他们连连拱手:"珍重,珍重,珍重!"

到刑场后,法官向他宣读了执行死刑的命令:"……经奉最高法院转奉司法行政部令准执行,今天执行死刑。这是判决书。"

梁鸿志接过来翻阅。

法官问:"你还有什么话要说么?"

梁鸿志说:"我是懂法律的,收到判决书后仍可有最后的抗告。"

法官说:"没时间了,我们是奉令行事,给你一个小时的时间,写遗嘱吧!"

梁鸿志坐下,恭楷悬腕写道:"余生平读诗书,尚知大义,不料从政,因而至今日就刑,此乃佛语所谓前生罪孽。"

此句写完,梁鸿志左顾右盼,颇为得意,又感酸楚,又提笔写道:"死后速速来收尸,并盼丧事不要铺张,附玉鱼一只,以为殉葬之用,物虽小而不忘师之意也。……"

写完后,他又给蒋介石写一封信。之后,起身,缓步走向刑场,口中吟哦:"年到六十四,徒步移法场。"

梁鸿志的"待遇"是比较高的,大马金刀,坐在椅中,此刻心情平静了许多。枪声从脑后响起,子弹贯脑部从口腔中直穿而过,毁一齿。梁鸿志硕大的身躯向前栽去,全身抽搐了一会儿,终于一切归为寂静,时为午后1时31分。

1946年春,由北平解押南京的十四名罪大恶极的大汉奸,出现在下关火车站时引起一片轰动。据北平肃奸委员会缮造的汉奸清册,至1946

年秋,已捕的重要汉奸共二百九十八名。其中重要的大汉奸被解往南京受审,有殷汝耕、刘玉书、王荫泰、邹泉荪、汪时璟、王揖唐、汤尔和、周作人等。

不久,《救国日报》发表署名德杨的文章,题为《老牌间谍殷汝耕》,文中说:"日前由北平解来巨奸十四人,其中有殷汝耕一名,在诸奸中可称罪大恶极,万死不足以蔽其辜。世人只知道殷贼是在滦东独立,割裂

殷汝耕(左四)成立伪冀东政权

国土，供敌驱使。仅这一项罪恶，已是处一百个死刑而有余，但殷贼另一大罪恶，则在一生任敌人间谍，尤以十七年冬季，泄露床次竹二郎在华之秘密，使中日关系更趋恶化，其罪实不容赦。

"殷汝耕为老留日学生，善日语。他在日本时即以日本下女为妻，平日挥霍无度，常向日本人借钱，以得势后报答为条件。所以殷贼之为日本间谍，实系自愿，绝非被人勉强。……"

殷汝耕在法庭上进行狡辩说："我在冀东成立防共自治政府表面上是脱离中央与日本合作，实际是这样，冀东自治完全出于自动，故一切不愿受日方干涉，且处处维持主权，不甘为其傀儡，对其要求，莫不据理力争，不肯迁就迁让。因此，我与宋哲元之第二十九军实是一致的。"

原二十九军副军长、国防部次长秦德纯致函首都高等法院，驳斥殷汝耕的谬论说："……宋（哲元）将军曾费尽心力促使殷逆取消伪冀东政权。当时宋将军深明所谓五省自治系日寇破坏我国家领土主权之完整与行政之自主，实为灭我国家种族之毒计。殷逆所谓曾商妥宋将军率蓟密、滦榆两区军民自成一单位，参加五省自治一节，全为饰词避罪之语。"殷汝耕声辩秦德纯曾代表宋哲元与之秘谈一事，秦德纯驳斥道："全系捏造事实。纯或不知别人，但本人绝无代表宋将军接见彼等之事；且本人绝未与之有任何联系。"

经过公审，1946年10月31日，首都高等法院以"被告因内乱罪案件"，判决殷汝耕意图破坏国体，窃据国土而首谋暴动，判处无期徒刑，剥夺公权终身。另以汉奸罪判决：殷汝耕共同通谋敌国，图谋反抗本国，处死刑，褫夺公权终身。

殷汝耕不服，于1947年1月20日具状申请复审，经最高法院1947年3月10日判决：原判决撤销，发回首都高等法院重新审理。殷汝耕在绝望之中，仿佛看到了生存的希望，狂喜之余，加紧申诉，搜集对自己有利的证据。但民意不可违，严惩汉奸是全国舆论焦点所在。

1947年4月13日，《救国日报》发表社论《殷贼汝耕还不够死刑吗？》，此社论代表了人民的呼声。该社论指出：

"殷贼汝耕以叛国罪被判处死刑，经上诉最高法院，判决发还高等法院更审。发还更审，不一定改判轻刑，但多数先倒可能是改判徒刑之先声。我们对于汉奸甚少攻击，但对于殷贼之更审则认为不当，所以须说几句话，以促高等法院受任推事之注意……

"中国在这次抗战中虽屡次挫败，许多军人虽弹尽枪绝，然仍视死如归，继续抵抗，至不能抵抗为止，虽不免有为俘虏者，但从无率部降敌之人，这一点是值得垂法后世的。只有殷贼汝耕是以中国地方官吏宣告独立，投降敌人，即在民国二十四年冬季，日本在华北操纵华北五省自治独立以分化中国，供其蚕食。华北地方官吏虽受尽压迫，虚与委蛇则有之，而自愿宣告脱离中国而独立，自动供敌人驱使者可谓绝无而仅有殷贼汝耕一人。这一点为中国抗战史中之最大污点，虽孝子贤孙不能为之洗涤。仅这一项罪恶，已足判十个死刑而有余，而况殷贼汝耕之罪，尚有十百倍于此者呢！……

"充敌国间谍者处死刑，这是各国一致之法律，因为不如此规定，不能保护国家利益。普通间谍偷鸡摸狗之流尚处死刑，而殷贼泄漏国家重大秘密，破坏国家政策，其罪加普通间谍十等，自不待言。而况殷贼充敌人间谍又系自愿，其罪更不容赦。所以殷贼既无叛国降敌一段历史亦须处以死刑，方能惩罚其奸，否则法律威严将扫地无存了！"

同年5月12日，首都高等法院对殷汝耕一案再次进行公开审判，殷汝耕再次百般狡辩，推诿罪责。他的辩护律师认为，殷汝耕之所谓内乱罪与汉奸罪是构不成死罪的。但舆论声势之强大，已成不杀不足以平民愤之势。

首都高等法院顺应民意，于1947年3月31日判决："殷汝耕连续通谋敌国，图谋反抗本国，处死刑，褫夺公权终身，全部财产除酌留家属必需生活费外没收。"殷汝耕不服，进行上诉。11月8日，最高法院判决："原判决核准。"

同年12月1日上午，灰蒙蒙的初冬，残叶飘零，倍增寒意。一行飞雁排成人字，嘎嘎叫着向南飞行。殷汝耕的生命走到了尽头。

老虎桥监狱刑场，检察官王之俊、典狱长徐崇文等人在场，法警提殷汝耕到场。

检察官问："本案判你死刑，业经判决确定，经奉最高法院检察署转奉司法行政部令准执行，今天是将你提案执行死刑，你对于你家属有何遗言？"

殷汝耕答："请准予我写遗嘱书信。"

检察官问："你还有什么话说？"

殷汝耕答："请准予给我设一个座位，我念几声佛，以后再予执行。"

检察官命法警搬来一把椅子，殷汝耕盘膝端坐好，念起往生咒。他害怕死后因罪孽沉重，落入无间道，想自己超度自己，希望能进入西方极乐世界。

枪响了，殷汝耕一命归西。

汉奸的审判正在进行，全面人民要求严罚汉奸的呼声越来越高。各省纷纷要求司法行政部从重从快将罪大恶极的汉奸绳之以法。1946年，浙江省是汪伪盘踞、统治的重要地区，当地民众受日寇、汉奸祸害尤深，人民的怨气尤异他省。浙江省参议会顺民意，提出议案，"请中央迅将丁逆默邨、傅逆式说、项逆致庄等正法以慰民望而彰国法"。

提案说："胜利之后，丁逆默邨、傅逆式说、项逆致庄等大逆不道之徒先后已落法网，而该逆等媚侍敌寇，残害同胞，凡属颠覆我国家，戕害我民族之伪组织，彼等均实行不懈。在我浙江均占最高要职，杀有余辜，此固不必再待检举和侦察，尽可依据条例，迅速法办以平民愤。谁知被捕后，消息渐趋沉寂，此大憝巨奸竟又得偷生一年余矣。如此辗转迁延，在局外人因不明其中真相，准该逆等祸国殃民，罪大恶极而不能迅速正国法，则将何以维正气？树法纪乎？兹拟由本会电请中央迅将该丁逆默邨、傅逆式说、项逆致庄等正法，以儆奸而慰民望。"

民意机关的正义要求，引起了行政部门与法治部门的重视。

丁默邨曾经是陈立夫的部下。陈立夫的调查统计科第三组组长即为丁默邨。后来一组、二组分别发展壮大成中统局和军统局，丁默邨的三组被撤销。丁默邨交友甚广，和周佛海很熟，最终被拉进汪精卫的伪政府，成立76号秘密工作室，倒过来对付军统和中统，戴笠的不少部属都被他害了，所以军统的人特别恨他。但丁默邨跟了汪精卫数年以后，很快发现汪精卫也坚持不住，于是他托关系找到陈立夫。陈立夫说你回来可以，但要将功折罪。他列了三件事——坦白地说，都是为了限制新四军的发展——让丁默邨帮助完成。丁默邨当时在汪精卫政府里任伪"浙江省主席"，能量很大，也完成了任务，其实他也算是被中统"策反"了，陈立夫兑现诺言，答应保他的命。

这段时间如果丁默邨沉寂的话，他完全

陈立夫

汪伪特工头子丁默邨（左）与李士群

可以保住命。他后来保外就医，但不甘寂寞。有一天游山玩水，被中央社记者认出来了，写了篇文章《丁默邨逍遥玄武湖》，结果被蒋介石看到了，这让他颜面过不去。蒋介石很生气地说："丁默邨应该枪毙。"陈立夫写了封信给丁默邨，大意是这次你触犯得实在太大了，我无法帮到你了，是你自己不好。丁默邨在被处决前也写了封信给陈立夫："我很感激你，我也知道你很帮我的忙，我自己不当心，都怪我自己铸成了大错……"

1946年11月11日，首都高等法院检察官陈绳祖以汉奸罪对丁默邨进行起诉。经过开庭公审，1947年2月8日，首都最高法院特种刑事庭进行宣判："丁默邨通谋敌国，图谋反抗本国，处死刑，褫夺公权终身，全部财产除酌留家属必需生活费外没收。"

尽管丁默邨"有利于抗战"的证据不少，并上诉到最高法庭，但他自知所做的坏事太多，心里一阵阵发毛。极其迷信的丁默邨让家人带一相面者入狱，以卜凶吉。那个算命的瞎子掐指算了半天，却不吭气。

丁默邨沉不住气了，催问："我可否逃过此劫？"

算命瞎子说："天作孽犹可活，人作孽不可活，你属于哪种？"

丁默邨说："我虽参加过伪方，原来亦是陈立夫先生手下中统局的处长。秘密赴沪被捕，纯属身不由己。我身在曹营心在汉，被迫为汪伪社会部部长、交通部部长和浙江省省长。我也曾协助中央同志，也反对共党，与中统、军统暗中联系，没有功劳，亦算有苦劳。你说，这是天作孽，还是自作孽？"

算命瞎子叹了口气："两者兼有之，听天由命。"

丁默邨："如果躲不过，还有多少时间？"

算命瞎子掐着手指："你属兔，阴历五月份是为午，是你的死地，尤其五月端午节前三天需小心，过得去则过得去，否则，毋庸我多言。"

算命瞎子说瞎话，只为骗取钱财。丁默邨却将此话牢牢记在心中，掰着指头算日子。

转眼阴历五月就要到了，丁默邨精神状态极坏，自知死期已近，成天唉声叹气，吃不下睡不着。

周佛海劝道："默邨，何必如此相信相者胡言，此辈皆民间骗食蒙财之流。"

丁默邨惨言："相面者说得不错，自作孽不可活，我手上有人命。中统局原有女谍报员郑苹如，奉中统密令要暗杀我。郑苹如以色诱我，让我给她购买皮大衣。我们一同在静安寺路戈登路口西比利亚皮货店去挑选时，她的同党当即开枪，可惜枪法太差，也是我命不该绝，未打中我。76号后将郑苹如捕去，致其死命。现在郑苹如之母已向法院告我，要替其女报仇。军统局也造送材料至法院,说他们在沪被杀的特工人员许克等十二人都与我有关,你想,我还能活吗?"

周佛海无言以对。

初夏的南京,气温升得很高,闷热得令人透不过气来。在老虎桥监狱中的犯人们也被炎炎夏日煎熬得疲惫不堪,昏昏欲睡。高墙外远处的树荫中,不时传来一阵阵的"知了"声,又是一个宁静的中午。

丁默邨在昏睡中被叫醒,被押往老虎桥监狱刑场。检察官陈绳祖、典狱长孔祥霖、书记官蒋福成及狱警数人在场。

检察官一脸严肃,宣布:"丁默邨,经最高法院检察署转奉司法行政部令,今天将执行你的死刑。你今天有何遗言给你家属和朋友?"

"我这是命中注定的,没有遗言。"丁默邨回答得很干脆。

检察官命令法警:"将该犯丁默邨执行枪决。"

这些天来,一直惶恐不安的丁默邨,此时心里犹如一块石头落地,他背过身向前走去。

"啪"的一声枪响,子弹由丁默邨的脑后进去,从左眉边穿出。二十分钟完成整个过程。是日离阴历五月端午节还有两天。

"轰隆隆——"一声闷雷声传来,惊醒了昏睡的犯人,一个个犯人皆抚着胸口惊悸不已。

伪上海市警察局副局长卢英爬起来走向牢门,隔着小窗向外望,继而转过头来,紧张地用手招呼同牢房的马骥良:"快,快来看!"

"什么事?神秘兮兮的?"马骥良不解地问。

卢英压低了声音:"快看,那边牢头在搬谁的行李,一定有人被执行了。"

马骥良一个激灵,迅速跳起,挤到牢门的小窗口向外看,带着哭腔说:

"是丁默邨的行李，我认识，他肯定完了。"

牢房内，周佛海说："我没见默邨出外，也没有听见枪声。"

一犯人说："噢，你睡着了，半小时前我看见丁先生出去了，说有人要接见。"

周佛海也挤到门边，隔着门孔向外看：狱卒正清点丁默邨的行李衣物。他一下子软瘫下来。当天，周佛海在日记中写道："哀哉！故人又行一个矣。迭梦默邨执行，今竟成为事实。伤哉！默邨协助抗战、维持地方这些功劳都不论，也没有必死的理由。余又因此相信命运说矣。默邨早谓五月极坏，而五月节最后之前数日尤坏。昨日下午至余门前，余谓下星期二即交小暑，五月节只余三天，君所虑者只有三天即过去，而三天中其一为星期日，故只可谓只余两天。渠谓明后两天极为危险，余笑之。今果于今日执行矣。岂生死有定耶？……"

1948年9月10日，北平姚家井第一监狱的刑场上站着检察官、法警等人。

一个声音凄厉地哭着、喊声，由远而近。

王揖唐大放悲声："饶命啊，请蒋总统开恩啊。我已是七十一岁的老人了，让我自己死吧，千万别枪毙我，哇哇哇！"

执刑的狱警鄙笑着："什么样的犯人都见过，像这样死到临头还大哭大嚷的，不多。"

王揖唐还在哭喊，声音传得很远。枪声响了，哭叫声戛然而止。

人们数着枪声，有的说响了五下，有的说响了六下，报上公布的说是响了七下。

王揖唐从1907年任清朝兵部主事，至1948年9月被枪毙，一生经过多次惊涛骇浪，每次都安然度过。从光绪帝、宣统帝至孙中山辛亥革命，北洋军阀统治时期袁世凯、黎元洪、冯国璋、徐世昌、曹锟、段祺瑞，宦海沉浮，他驾一叶扁舟，从容而渡。迨至1928年，蒋介石的南京政府下令通缉他，他从此躲避津门，结束了二十多年的政客生涯，做起失意的寓公来。他对蒋介石恼火得狠，从无好感。

但随着日军步步紧逼，先是东北丢失，紧接着又是华北，蒋介石政府开始重视一些老政客，王揖唐又是日本通，便得蒋介石邀请，与曹汝霖等一起上庐山，与蒋介石讨论国事。王揖唐不甘寂寞的性格又使他步入政坛，1935年12月名列冀察政务委员会委员之一。

"七七事变"以后，王揖唐公开投敌当汉奸，担任伪中华民国临时政府委员等职。汪精卫伪政权成立后，王揖唐任伪考试院院长，后为伪华北政务委员会委员长。

他曾经对人说："我从前清混到现在，做人和做官的经验敢说不弱于谁，照我的看法，无耻二字也颇不易得，无论如何，无耻也是做人的手段之一啊！"

当他接受审判后，还大闹法庭，公开指斥法官何承焯："你不配审我，华北沦陷时你在我手下任过事，我是大汉奸，你是我的部下，是小汉奸，哪有小汉奸审大汉奸的道理？你赶快回避，换别人来审讯。"

王揖唐还在《大公报》端刊登启事："查主审揖唐案件之审判长何承焯，曾任伪华北政务委员会所属之法官训练所教务主任，如谓揖唐系大汉奸，则该审判长为揖唐统治下之小汉奸。今以小汉奸而审大汉奸，天下后世其谓今如何世耶？"

不管王揖唐如何胡搅蛮缠，终被河北高等法院判处死刑，经南京最高法院复判为死刑。

王揖唐临刑前，在刑场上张着无齿的大嘴直喊"饶命"，更令人觉其肮脏之一生倍加无耻，这也是狱警连开七枪之谜底。

周学昌在狱中耷拉着脑袋，闷闷不乐。这些天来，他的右眼总是在跳。常言说，左眼跳财，右眼跳祸。他已被关押大半年了。周学昌过去是出了名的好色之徒，成天寻花问柳，拈花惹草，而今成了肆中鲍鱼，就像馋猫一样，急得百爪挠心。他时常想，只要让我再风流一夜，死也值了。

周学昌

机会终于盼来了。1946年的一天，他的外号"杨贵妃"的宠妾，一步三扭地来看他。周学昌忙扑上去抓住她的手，急不可耐："小心肝，怎么才来？让我想煞，该不会将我忘了，又找了小白脸吧？"

"啐！好没良心的东西，这才几天，便急得像狗过不得河一样，也不怕别人笑话。""杨贵妃"眼一瞟，旁边是色眯眯的典狱长，正瞪着被勾了魂似的眼睛死死盯着她。

周学昌央求道："心肝、宝贝，不管来生如何，今生只求你想个办法救我饥渴，也别管花多少钱。"

"杨贵妃"水蛇腰一扭，嗔怒道："你以为我是水性杨花、无情无义的烟花女子？你也不打听打听，你过去那些狐朋狗友如今见到你，个个像躲避瘟神一般，但我对你怎样，你应该知道。"

"知道，知道，我只要你答应我一次就行。"

"蠢材，木头人，看看这是什么？""杨贵妃"拉开皮包，露出一沓崭新的法币，"你等着好消息吧。"说完便向典狱长走去。

钱能通神，有钱能使鬼推磨，反正都是一个意思。不一会儿，"杨贵妃"回来时，鼓囊囊的皮包已是空空如也，她笑着说："钱是什么？身外之物，生不带来，死不带去，我要让他们看看，什么是情义无价！"

是晚，典狱长留个单间，让周学昌与"杨贵妃"睡觉。刚睡下，活该周学昌倒霉，偏偏司法行政部有人来查夜。汉奸与小妾在狱中共搭鹊桥之事被曝光了。典狱长、"杨贵妃"都被关押起来。一时间，"杨贵妃"花四百万法币买通典狱长，与周学昌共度良宵之秘闻，传遍石头城，成为头号特大新闻。"一宵千金"成为对南京政府司法黑暗的最大嘲弄。典狱长撤职查办，"杨贵妃"拘留，其车穿过南京城主要街道之时，形成"万人争看'杨贵妃'"之情形。

不久，周学昌的原配夫人颜仲鲁坚决要求与周学昌离婚。周学昌狼狈不堪，终于在内外交困中被首都法院判处"准予离异，两造所生之子女周霁鲁、周霁云、周斯菱、周叔明、周淑德等交由原告监护"。

1946年，江苏高等法院特种刑事庭判决："周学昌通谋敌国，图谋反抗本国，处死刑，褫夺公权终身。"周学昌抗告，又被首都高等法庭驳回维持原判。

周学昌被枪毙了，终于受到了应有的惩罚。

〔五〕铁窗幽影

除了被枪毙的汉奸外，还有一群汉奸被判了刑。陈璧君被判处无期徒刑；周佛海被最高法院由死刑改判为无期徒刑，瘐死狱中。中华人民共和国成立后，被国民党政府关押的一些汉奸，依然在新中国的监狱中继续服刑。一九五八年，拒绝认罪的陈璧君死在上海提篮桥监狱。

汉奸大审判

1946年4月22日下午，江苏高等法院传陈璧君到庭。当审判长孙鸿霖宣判"……处陈璧君无期徒刑"时，陈璧君已有一定的心理准备，嘴角露出尴尬的冷笑。

法官说："被告如有不服，可以上诉。"

陈璧君一脸愠怒："我对判决绝对不服，但也绝对不要上述。因为上诉的结果，必然还是与初审一样。"

陈璧君的女儿汪文惺却在南京某律师事务所给陈璧君请了一个律师，上呈最高法院。5月21日，最高法院第二法庭公布复判，对江苏高等法院的判决批示："原判决核准。"同时，驳回了上诉请求，理由为：违背法律程序，从形式上驳回。

罗君强在法庭上很神气，他有一封军统局局长戴笠的信，以证明他与军统早有联系，除此之外，他还有第十战区副司令长官李明杨、第十战区司令长官李品仙、陆军总司令顾祝同、军统人员蒋伯诚等人证明他暗助抗日之函。

罗君强

罗君强提出的"抗日有功"的理由，重要证据是他执行戴笠的"除奸令"，设计毒死了汪伪特工总部头子李士群。

罗君强说："我们利用日本宪兵队特高课长冈村之手

李士群（穿白西装者）在清乡区

杀李士群，具体由冈村出面，借口调解李士群与熊剑东的矛盾，约李、熊二人同去外白渡桥百老汇大楼谈话。熊剑东主动向李认错，解除了李的戒心。冈村乘机让他们去家中吃饭，命人端上下了毒的菜让李吃。因为每人面前都有同样的菜，熊剑东与冈村大嚼猛吃，李遂不疑，吃后去苏州，回家后第二天毒性发作，延至第三天下午毙命。"

周佛海出庭为罗君强作证，确有此事。

1947年3月6日，罗君强被首都高等法院判决："共同通谋敌国，图谋反抗本国，处无期徒刑，褫夺公权终身。"

罗君强一肚子冤枉，嘟囔着："听中央的指示，到头来还不是同样的下场！"

伪华北政务委员会委员长兼新民会会长王荫泰被首都高等法院判处了死刑，剥夺公权终身。王荫泰是留日、留德学法律的，早年在北洋政府任过司法部长，又在上海当过多年律师。对于判决结果，王荫泰不服，要求复审，理由便以法院上诉程序违法入手，搞得高等法院办案人员只得承认被王荫泰钻了法律的空子。

王荫泰指出:"查犯罪事实应依证据认定,有罪之判决书,并应将认定事实所凭之证据,及其认定之理由,于判决理由内详细记载。《刑事诉讼法》第二百六十八条及第三百零二条第一款规定甚明,并著有判例(二十八年上字第二八〇一号,见大东书局印《二十一年至二十九年最高法院判例要旨》下册八二二页)。原判事实内,虽罗列被告罪行多端,而原判理由内,除仅就天津市府复文,割裂原词,断章取义,曲解为食粮资敌外,其他各种罪行,均不过就事实之记载重复叙述,既无认定所凭之证据,又无所以认定之理由,是原判决证据上之理由显属不备,即系具有判决不载理由之违法,稍阅判文,即可明了。此其诉讼程序之违背法令者一也。……"

王荫泰一口气列举了几条,最后说:"凡此种种违法,均显然于判决有重大影响,原判绝难维持,自可断言。"

他又指出事实错误部分共十四条,最后又列举"有利于人民之行为"数十条。他说:"综上所述,追诉罪行,尚无确证。即令认定应负相当责任,按前述各端,均极可原,依《处理汉奸案件条例》第三条第一项及《刑法》第五十七条之规定,亦应从轻科处。原判仅以地位关系,遽处极刑,殊属是非不明,情罪失当。仰恳钧院详赐审酌,纠正原判,另为公平之裁判,或发回更审,以明是非而成信谳,实感德祉。"

1947年9月19日,最高法院判决:"原判撤销,发回首都高等法院更为审理。"

首都高等法院的审判官经再审,将怨气复注案中,仍判王荫泰死刑。王荫泰据法理力辩,要求再审,最后经最高法院改判为无期徒刑。

王荫泰嘲弄说:"一群不懂法理的法官,恃强误判,国之不幸也。"

王荫泰后被关押在南京老虎桥监狱中,卒期不详。

温宗尧是汪伪国民政府司法院院长，汪伪政权解散后，七十九岁的老头子形单影只，潜回上海西摩路大同里533弄6号房宅中栖息起来。国民党部队进入上海不久，1945年9月28日，忽有几名军统人员前来将温宗尧捕获，后押送至南京看守所，接受首都高等法院审判。

检察官王文俊问他："你以古稀之年参加伪组织动机是什么？你是辛亥革命时的功臣，是否因为革命成功你不曾有官做，为做官而参加的呢？"

温宗尧颤巍巍地回答："我不要做官，我并且吩咐子孙不要做官，我今年八十一岁，年纪大了，糊涂得很，请原谅。"

检察官接着问其他问题，温宗尧都说记不得了，而对其有利的部分则夸夸其谈。

检察官问："你任伪职到现在胜利后，有何感想？"

温宗尧答："以后不做官，我愿意教书、教子。"

检察官问："你做伪政府官员，知不知道错呢？"

温宗尧想了一想说："错也可以说，不错也可以说，是错的，不应参加的。"

检察官向法庭建议："被告至今仍不知错误，请依法办理。"

律师王恒颐站起来说："被告担任伪职是不可否认的事实，但被告意见，以前因身体多病，不能到后方去。以后被告参加伪组织，是为了救济难民，出任维新政府，亦是为民的苦心。在伪立法院长任内，反对共有七大案，否决的五大案，有事实可稽……现被告年老多病，请求移送病房以便诊治。"

温宗尧

温宗尧虽年迈体弱，但被法院判处"无期徒刑，褫夺公权终身"。

温宗尧不服，提出复审。1946年11月30日，最高法院判决："原判决核准。"

温宗尧申辩："我老而有病，要不多久就会死在监狱中的。"

果然，1947年11月30日，石头城内的枯叶被西风吹得满天飞的时候，温宗尧躺在牢房中，默默地咽下最后一口气。

汪时璟对自己被捕大抱冤屈，在法庭上始终强调自己是地下工作者。理由有三：第一，他家里秘密设置电台，按规定时间，与重庆进行联系，已达五年之久；第二，日本投降后，他是第一个去重庆向中央报告北平情况的；第三，戴笠在北平拘捕汉奸还是借他的宅第进行的，这都叫不无微功。因此，他是有恃无恐的。他还有一张王牌，是蒋介石亲笔密令"在新民"三个字，它是可以证明他为中央工作的证据。不过汪时璟自认比大脑袋的缪斌聪明多了。缪斌亦有蒋介石的亲笔手令，但他到处张扬，被捕后还拿给军统特务看，后被没收，即使算证据，却再也拿不出来了，岂不冤枉吗？汪时璟老奸巨猾，他已将蒋介石的密令照成相片，在法庭上只出示照片，原件藏在一个秘密地点。

法官一看笔迹，便认识是蒋介石亲笔所书。在律师的强辩下，不得不承认汪时璟是中央的地下工作人员。汪时璟认为自己早晚是要被赦免出狱的。没想到，他打了一辈子的算盘，这次可打错了。汪时璟是日本扶植的华北联合银行之总裁，他垄断金融，强行命令华北各银行将大批金银交伪中国联合准备银行，作为发行伪联银券之基础，滥发伪币一千二百三十八亿元，供敌伪及沦陷区之用；他还命令租界各银行的法币存款改为四折，使存户无端受亏；而抗战胜利后又将联银券五元兑换法币一元，又致人民无端受累，民怨沸腾，一致要求杀汪时璟以平众怒。

汪时璟害怕了，请来著名大律师章士钊为其辩护，仅免其死罪。法院经审理认为："该犯受伪临时政府赋予铸造及发行伪币之特权……滥发伪钞，驱除法币，垄断金融，破坏固有体制，与日元等价联系，便利敌方经济之侵略，刺激物价上涨，通货膨胀，几使国民生计陷于破产。与敌合设伪工业银行，名为救济工业，实则勾结该行董事长章仲和施行高利贷，榨取民资，借图肥己。利用存款，购买金银，操纵市场，商贾莫奈之。当其综理华北税收，征收盐税七千万元，统税七万元，关税杂税不计其数，资助敌伪，源源接济，遂其以战养战之毒计。又于三十二年向敌驻华北海陆军巨额献金，三十三年赴日向夷庭献纳大量食盐，充其食用及制造炮火之资料，助纣为虐，戕害生灵，言之令人发指……"

汪时璟机关算尽，亦难逃法网，终于在1946年10月15日被首都高等法院判处无期徒刑。其贪得无厌聚敛的财产，除酌留家属必需生活费外，均被没收。

抗战胜利后，原伪广东省省长陈春圃是迈着迟疑的步子去向中统驻上海办事处投案自首的。此举希图得到宽大处理，但还是被移送上海高等法院。

陈春圃身体瘦弱，脸部瘦削，一副苦相。他上法庭辩答时，开口便诉苦："被告自幼贫苦，因系陈璧君远房之侄，自二十三岁起受汪精卫夫妇栽培提挈，前后达二十余年。平时汪、陈家事杂务亦责令被告奔劳，事实上被告无异为其家庭一佣役。……"

他除了将坏事都推诿别人外，在法庭上大摆个人"功劳"。他说："被告任内，对于防潦防汛，特别督促培修淮河及苏北河流各堤得无水患。此外，于东太湖、尹山湖方面建造水坝，增辟农田，防汛裕民，人民确受利益，并以日本新式农具为样本，在无锡设厂制造新式打谷机、制绳

机等农具，廉价分售，裨益农民不鲜。"

他又将自己扮作与日本抗争的志士，说："鉴于敌人鸦片毒化政策，赌博腐化政策之狠毒可畏，乃奋不顾生命一切危险，为民除害，为国保种，专事反抗敌策。"

陈春圃的辩护律师又进行了多次辩护，但最终在1947年12月3日，陈春圃被上海高等特种刑事庭判处无期徒刑，剥夺公权终身。

南京中正路吉祥里有一处高门大院。院中假山亭台，鸟语花香。这座房宅的主人在日本人统治时期，为汪伪中央警察学校校长、伪警政部次长、伪警察总监和伪江西省省长，名叫邓祖禹，年约五十岁左右。他任伪职最得意的是，除了明媒正娶的太太以外，左一个、右一个陆陆续续搞了七八个妻妾，每个都有一处住宅，有的在南京城里，有的在苏州，有的在无锡。他最得宠的小妾王桂秋原是秦淮河畔的一名歌妓，自从结识邓祖禹以后，便刻意迎奉，使尽浑身手段，使邓祖禹魂牵梦绕，终于替她赎了身，并给其养母购得南京大石坝街17号一处宅院，作为报答。

邓祖禹平时无恶不作，包赌包娼，尽赚伤天害理之钱。他还伙同伪上海复兴银行南京分行经理王益之，伪南京米粮统制会主任、南京信余钱庄经理徐崇文，伪南京市五洋业理事长、中华烟草公司经理叶锡五，伪南京纸业巨头、利工银行经理李石忻，伪中央储备银行总务处副处长石顺渊，伪警备司令杨杰，伪警政部政治警察署署长马啸天，及周佛海之妻杨淑慧，李士群之妻叶吉卿等人合资开设中华烟草公司，在日本的帮助下，以购买烟叶为名，暗地贩卖鸦片，共同分赃。

邓祖禹坏事做绝，自知罪孽深重，日本投降后，惶惶不可终日。到处想躲，到处又觉得不保险。后经他的合资人、江浦县中储币银行行长林春亭的介绍，认识了军统局潜伏江浦第十区专员姚镜涵。

姚专员大包大揽说："水过地皮湿不管用，水要浇透，花才能开。人也是这样，钱不花到位，是无法逃过这一劫的，只有花钱才能买太平、消灾。"

邓祖禹一听便明白关节所在，出手倒也大方，送姚专员汽车一辆，洋房一座，伪中储券一千万元，另又借储币银行十亿元交姚收用。

姚镜涵见钱眼开，拍着邓祖禹的肩头说："老兄，你放心在这里住上一阵，等风声过了，我亲自送你回家。现在起，你每天去江浦县专员公署办公，谁也不敢说什么。"

何应钦率陆军总司令部进驻南京后，四处查访汉奸，听说邓祖禹在江浦县专员公署上班，便派出特务人员到江浦，侦察邓祖禹之下落。姚镜涵闻讯，秘密送邓祖禹到江浦城西十公里外的狮子岭徐良处暂避。

几天后，姚镜涵来到陆军总部，见到南京前进指挥所主任冷欣后，关上门，将携带来的钞票整整倒了一桌子。

冷欣不解："姚兄，这是为何？"

姚镜涵说："全送与冷欣兄，兄弟的一点薄礼，事成之后，还当重谢！"

冷欣问："姚兄手这么大方想必定有要事，说来听听看我能不能办？"

姚镜涵一挑大拇指："痛快！我请冷兄保一个人！"

"何人？能出这么大价钱？"

"汪伪江西省省长邓祖禹！"

"此人现藏何处？陆军总部正四处派人搜查，已找他一个多月了。"

"就在鄙人家中。"姚镜涵终于承认。

冷欣变了脸，一拍桌子："大胆，你身为国家专员，竟敢窝藏汉奸不报，还企图收买上官，该当何罪？"

姚镜涵见势不妙，说："冷主任，这件事你知我知，只要我们不声张，

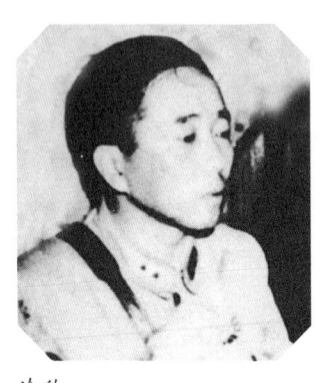

冷欣

谁知道呢?"

冷欣冷笑着:"若要人不知,除非己莫为,来人啊!"

随着他一声喊,出来宪兵数人:"请长官吩咐!"

"你们立即押姚镜涵去他家,拘捕汉奸邓祖禹,另将姚镜涵看押,该犯已构成《惩治汉奸条例》第四条,窝藏不报罪,将该案一并报委座核准。"

姚镜涵偷鸡不成蚀把米,顿时瘫软下来。

9月28日,邓祖禹在江浦被捕。过江后,有一辆汽车等候多时,宪兵将其押上车,直接押解他去陆军总部调查室,后移送老虎桥监狱。

1948年2月28日,首都高等法院最终判处:"邓祖禹通谋敌国,图谋反抗本国,处有期徒刑十四年,褫夺公权十年。全部财产除酌留家属必需生活费外没收。"

邓祖禹在法警押送下,出了朝天宫,望着南归的燕子忙忙碌碌地檐下筑巢,不觉痴了。他觉得自己便像这只飞来飞去的燕子,辛辛苦苦,钻营搜刮,到头来寒冬一来,全成废垒。

江亢虎为他的判决三次抗告。他曾任汪伪考试院院长、伪国府委员。早年参加辛亥革命,又在美国学法律,获法律博士学位。

1947年5月14日,江亢虎第三次抗告首都高等法院"审判不公,万难甘服"。

同年6月16日,最高法院对江亢虎"因汉奸案件对于首都高等法院中华民国三十六年五月

江亢虎

八日驳回申请再审之裁定提起抗告，本院裁定如左：抗告驳回"。

江亢虎精神垮了，无期徒刑意味着他将在监狱中度过余生。

周佛海被首都高等法院判处死刑后，其妻杨淑慧及家人到处托人，找政府及国民党要人洪兰友、陈布雷、陈芷汀、吴鼎昌、谢冠生等人，希冀改判。同时杨氏向最高法院院长夏勤进行上诉，要求复判，后经驳回，维持原判。

此时，小道消息满天飞，都认为执行在即。其间，立法委员马晓军之妻忽然告诉杨淑慧：她认识蒋介石之外宠吴小姐，她已代求吴向蒋介石为周佛海要求减刑，吴已答应，但其手下办事者索要报酬，需金条二十根。杨淑慧病急乱投医，当下应允。其实，这只是军统局毛人凤等人欺诈钱财之阴谋。

马晓军之妻告诉杨淑慧，交金条二十根，并写两件呈文，由杨署名，一交国民政府文官处，一交军统局转呈蒋介石，然后静候佳音。

数日后，马妻兴冲冲来见杨淑慧说："事情全办妥了，蒋主席已将呈文批复交最高法院院长夏勤予以减刑。如果希望特赦，需要另写呈文，不过……"她卖个关子。

"不过什么？快说啊！"杨淑慧急不可耐。

马妻说："对方还要再加金条十根，将来如财产发还，要由吴小姐支配，先交半数。"

杨淑慧急赴上海，拿出多年私藏细软，又将女儿的首饰出卖，并向各亲友告贷，凑成黄金三十根，赶回南京；又写一要求特赦的呈文，交给马晓军，并预付金条十五根。

马晓军夫妇后告杨淑慧："呈文已交蒋纬国送京面呈。"

杨淑慧不解："何得以托到二太子处？"

马晓军诡谲一笑："纬国之妻石静宜是吴小姐的大媒，而且吴之爱女与纬国夫妇共住一处，不过嘛……"

杨淑慧对"不过"早已心领神会，咬着牙问："还要打点多少？"

马晓军双手做十字："必另送二太子金条十根。"

杨淑慧狠狠心，将余下的金条如数交给马晓军。

1946年12月28日，马晓军告诉杨淑慧："吴小姐从上海打来电话，说佛兄的大赦令十几天后便发表，并要我转告嫂夫人，为佛兄安排住处。"

杨淑慧焦急地说："住处？西流湾的房子都被法院查封了。我现在住在杨医生家里，这两天我就去租房子。"

马晓军摇摇手："不必如此，不必如此，周兄大赦明令发表，法院还不得将西流湾的故宅发还你们。"

杨淑慧将此消息告诉周佛海后，周佛海大喜，竟一夜辗转。他在日记中写道："当时相传元旦有大赦，余等同案亦在赦内，或大赦时对余发表特赦欤？余亦竟作此想矣。"

1946年元旦，周佛海兴奋至极，"有人来谓今日已颁大赦令，我辈在减刑之列，群情欣然。……后阅报始悉除外，群情沮丧万分。盖希望数月，一旦冷水浇头也"。杨淑慧也懊恼万分。

马晓军亲赴老虎桥监狱安

周佛海与其妻杨淑慧

慰周佛海，说："佛兄，原来说元旦要特赦，吴小姐特来电话，要我转告你，元旦来不及了，因为必须交司法院呈请，来往约需十余日。请嫂夫人借一步说话。"

杨淑慧暗暗叫苦，只得出来。马晓军一脸贪婪，伸出四个指头："黄金还要四根。"

"马先生，行行好，我实在拿不出来了。"

马晓军说："谁不知周先生有银子？当过伪中央储备银行行长与财政部长？公平交易，拿钱换命，晚了我可不负责任。"他补充说，"我可没得一个铜子儿，这是打发文官处承办各员的。"

周佛海在日记中绘声绘色记下了这一敲诈经过，心疼不已地写道："淑以功亏一篑与之。千辛万苦筹集之叁拾条，仅余壹条矣。"

1947年1月8日，马晓军告诉杨淑慧："公文已于6日送达司法院，佛兄出来后，我当上门贺之。"

周佛海夫妇又在幻想中数日子。

1月20日，最高法院特种刑事判决公布：被告周佛海……原判决核准。

周佛海呆若木鸡。

杨淑慧暴跳如雷。她怒气冲冲，打上马府，大声喧嚷。只吓得马晓军一把拉住她的胳膊："姑奶奶，小声点。"

杨淑慧不理不睬："瞎了你狗眼，骗到老娘头上，人财两空，鸡飞蛋打，好吧，事到如此，我们鱼死网破，说！到底何为？"

马晓军哭丧着脸："我说，全说，只是，您先别动怒，小点声音。我实在不认识什么委座外宠吴小姐，这一切均为军统局副局长毛人凤之妻所为。"

"原来是那个骚货！"杨淑慧柳眉倒竖，"为何不早告知老娘？"

"这个、这个、这个……毛家那个骚货真真该死。"马晓军破口怒骂,以平息杨之恶气。

杨淑慧叉着腰:"你去告诉毛人凤那个王八蛋,不把老娘的黄金交回来,我也拼死闹将出来,怪不得说我们是汉奸,不如此,他们如何发财?"

杨淑慧打草,毛人凤蛇惊。旋由毛妻托原蒋介石侍从室胡静安之妻,转告杨淑慧之弟媳即杨惺华老婆:"请淑慧不必声张。盖郑介民与毛人凤,郑妻与毛妻均不洽,如知此事,必借此倒毛。"并谓金条将在沪退回二十根,交杨宅,南京由马晓军退回九根。乃迄今上海仅退十六根,而马晓军反退一根。杨淑慧虽允不声张,但已有知者。军统局曾派法官常书记询问杨淑慧,究不知系郑介民还是毛人凤所派。杨淑慧不愿扩大,矢口否认。但虽如此,毛人凤等究不安心。必欲得杨淑慧一短处以相要挟或抵制。

果然,3月上旬,军统特务便冒充中共中央宣传部长陆定一之特使,找到周佛海妻,说中共毛泽东、周恩来欲救周佛海,派他前来主持,并要杨淑慧写一信,回复陆定一。杨将此事告周佛海后,周佛海"断定为军统人员所为,居心险恶……且所言营救方法为劫狱,更觉幼稚。中共岂作如此荒唐难成之事耶?另有阴谋竟无疑义,嘱淑此后拒与再见"。

周佛海之子将此事告陈芷汀及陈立夫,陈立夫认为:"可能系军统人员,因决定将此事告毛人凤,看其如何处置。"

陈立夫、陈果夫在最高法院复判周佛海死刑后,联名给蒋介石呈文,要求予以减刑。

1947年2月2日,蒋介石令秘书致代电司法行政部:"关于汉奸周佛海判处死刑一案,查该犯早经自首,虽未明令允准,惟在三十四年六月十九日戴故局长签呈请前来时,曾令其奉谕转告该犯,如于盟军在江浙沿海登陆时能响应反正,或在敌寇投降后能确保京沪杭一带秩序,不使人民涂炭，则准予戴罪图功，以观后效。"

司法行政部部长谢冠生当即将蒋介石代电转达首都高等法院院长赵琛与首席检察官李师沆，嘱其核办，赵等人不敢怠慢，决定予之减刑。

3月27日，国民政府明令减刑，改为无期徒刑。周佛海由首都高等法院审判，定为极刑，到最高法院复审，仍为极刑，又到国民政府明令减刑的这段日子里，他无日不在惊涛骇浪中度过，受到了极度惊吓，心脏承受不了巨大的压力，有了严重的心脏病，身体状态急剧恶化。

他在日记中每每流露出这种刺激，使他身心受到极大的摧残。例如，1947年7月13日日记："去年九月十六日，解京时刺激之大，前已言之。盖座上客忽为阶下囚，变化过剧也。尤使人有沧桑之感也。"

1948年2月28日，周佛海复发心脏病，死在南京老虎桥监狱中。

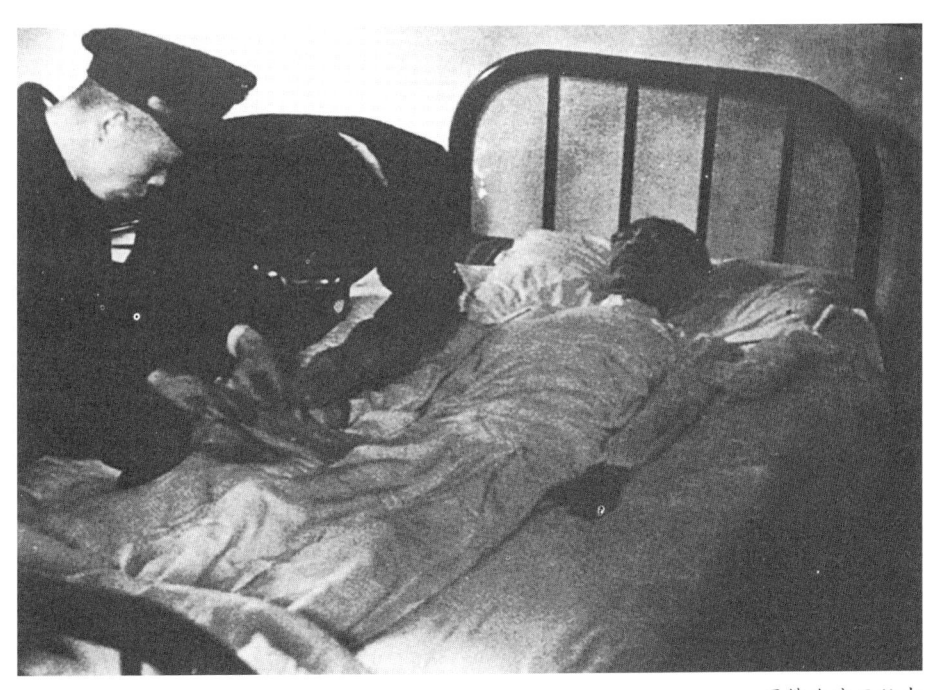

周佛海瘐死狱中

汉奸大审判

著名的散文家周作人是作为文化汉奸在南京受审的。早年他在日本读书，又有个日本老婆，亲日情结在他身上是潜移默化的。

1937年7月底，日军占领北平，据说周作人的老婆羽太信子曾劝他离开北平，而周作人则表示埋首研究，不问国事。但架不住伪中华民国临时政府教育部部长汤尔和的多次游说，周作人终于落水，发表亲日演讲。汪伪国民政府成立后，周作人出任伪华北政务委员会教育

汉奸周作人上法庭受审

总署督办。抗战胜利后，他在北平被捕，后移解南京。最高法院检察官以汉奸罪对其提起公诉，1948年7月，周作人在南京朝天宫首都高等法院接受审判。

胡适等一些学者呼吁法院对周作人从轻量刑，结果首都高等法院判处周作人十五年徒刑。

从1945年8月15日，日本宣布投降以后，国民政府下令在全国各地逮捕汉奸，到1945年底，据不完全统计：特务军统机构共捕获汉奸罪嫌疑者4692人，其中移送各地高等法院审理者4291人，移送军法机关审理者334人，移送航空委员会讯办者24人，在押病故者43人。被捕汉奸中有错捕后令释放的，如曹汝霖、章宗祥等人，他们在抗战中未曾附敌、接受伪职，亦未为敌筹谋划策，因此，当局查清后旋令释放。其中南京一地，首都高等法院共审理汉奸案530余件，终结381件，其

中判处死刑14人，无期徒刑24人，有期徒刑265人。

在其他各省判处死刑的汉奸约342人，其中：上海10人，江苏13人，浙江48人，湖北32人，广东50人，广西23人，山西23人，绥远19人，河南12人。

判处无期徒刑的汉奸847人，其中：浙江118人，广东188人，广西124人，江苏47人，上海24人，南京24人，湖北64人，安徽37人，江西46人。判处有期徒刑的10066人，罚款14人。此数字是1947年年底的统计数据，并不包括解放区惩奸等数字。

据1948年《中华年鉴》统计，自1945年11月至1947年10月底，全国各省市共检察汉奸案45679案，起诉者30185人，不起诉者20055人，其他13323人。经审判方面办结25155案，其中死刑369人，无期徒刑979人，有期徒刑13570人，罚款14人。这个数字也不包括解放区。此外，经军法机关审判者亦不在其列。

但是，掌握军权的汉奸，如伪华北绥靖军总司令门致中任暂编第一路军总司令；伪第二方面军总司令孙良诚、伪第三方面军总司令吴化文、伪第四方面军总司令张岚峰、伪第五方面军总司令庞炳勋、伪第六方面军总司令孙殿英、伪第六路军总指挥郝鹏举等人，都接受了军事委员会的改编，重新得到重用，没有一个受到法律的制裁。

国共内战爆发后，时局混乱，也使得一些中小汉奸逃出制裁。1948年5月20日，蒋介石、李宗仁就任中华民国总统、副总统后，《国民政府公报》也改成为《总统府公报》。在总统府公报上，除了刊布总统令和一些法令、法规、部会属令、咨文、公函以外，隔几期就有总统训令、最高法院检察署训令、最高法院检察署通缉书、河北高等法院、江苏高等法院以及各地方分院公布的通缉书，内容全是被通缉的汉奸的姓名、

籍贯、特征、年龄的名单。一直到解放军渡江前夕，通缉汉奸的文书始终在总统府公报上刊登。这说明对汉奸的追查和通缉工作始终没有停止。

无独有偶。被国民党政府关押的大汉奸，即使在新中国政权成立下，依然被关押着。例如，王荫泰在1937年加入伪中华民国临时政府并任议政委员会委员，汪精卫政权成立后出任伪华北政务委员会常务委员、实业总署督办，1943年任伪农务总署督办、总务厅厅长，1945年2月任伪华北政务委员会委员长。抗战结束后王荫泰被捕入狱，1949年后改押至提篮桥监狱，1961年12月15日在狱中病死。

1959年6月17日，陈璧君死于上海提篮桥监狱医院，时年六十七岁。陈璧君的子女1949年前都离开了大陆，她在上海没有直系亲属，尸体由其在上海的儿媳之弟收殓火化，骨灰送到广州。第二年，由陈在香港的子女派人到广州认领。次年秋，陈璧君的骨灰由其子女撒入香港附近的大海里。

这说明不管是国民党还是共产党，在惩治汉奸、维护民族大义方面，立场都是一致的。

(六) 边区锄奸

解放区的肃奸活动，不纯粹是由政府部门和专政机关执行的，而是一场广泛的群众运动。许多罪大恶极的汉奸受到法律的严惩。华北地区的肃奸是以武安、磁县、蔚县、涞源、涿鹿、天镇、陵川、高平等县解放区，在充分动员人民群众，经过召开公审大会，将一些罪大恶极的伪军头子、汉奸执行枪决。

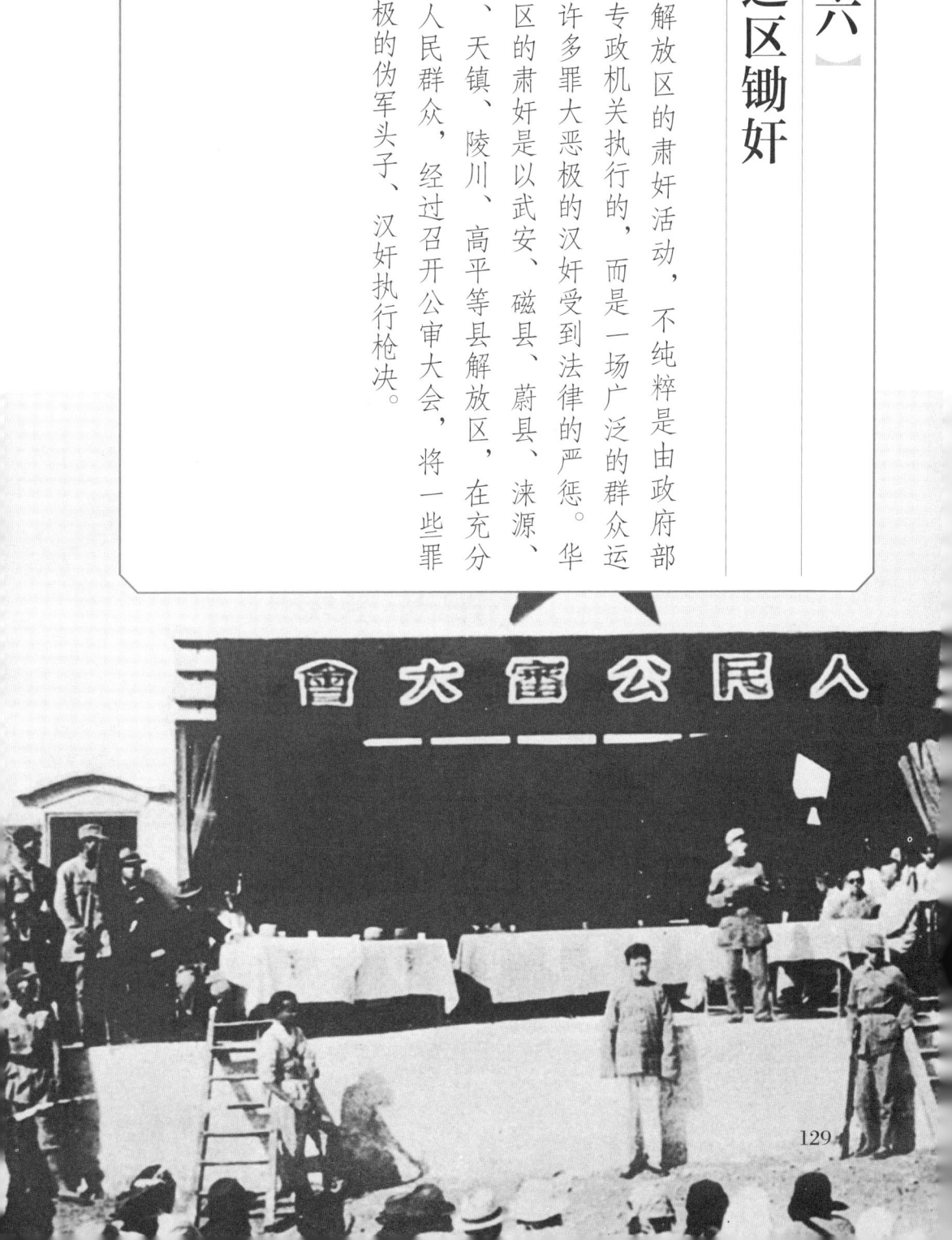

汉奸大审判

　　八路军、新四军在抗战期间很注重防奸、肃奸工作。1937年10月下旬，英国记者贝特兰在延安采访毛泽东时，毛泽东说："……严厉地镇压汉奸。这个问题现在已到了极严重的程度。汉奸们横行无忌：在战区则援助敌人，在后方则肆行捣乱，并有装出抗日面貌反称爱国人民为汉奸而加以逮捕者。但是要真正镇压汉奸，只有人民起来和政府合作，才有可能。……"

　　共产党就是本着人民和政府合作的精神，进行反奸锄奸活动的。抗战开始后，周恩来在山西就建议第二战区司令长官阎锡山成立锄奸部，发动群众，寻找汉奸的足迹。

　　在延安和各根据地，八路军、新四军都高度注意锄奸工作。粟裕说："对于汉奸的注意如若不够，封锁消息不十分注意，游击战争要靠秘密，暴露了目标，那非挨打不可。"

　　在抗战期间，敌后抗日根据地的肃奸工作十分艰苦而复杂。因此，很多人公开地感叹：日寇不足惧，那遍布在各地的汉奸才是致癌的毒瘤。

　　天网恢恢，疏而不漏。抗战胜利后，那些作恶多端、罪孽深重的民族败类终究没能逃脱人民的审判和制裁。解放区政府战后立即组织人民法庭，从重从快地惩治汉奸。战后解放区惩奸是由各解放区领导进行的，由于各解放区相对独立和处于被分割的状态，战后又很快面临国民党军队进攻的危险，因此，缺乏对解放区审判和惩治汉奸案件的系统统计，但可从以下几例见之于报端的审判案及汉奸的可耻下场中，认识战后解放区惩奸的概况。

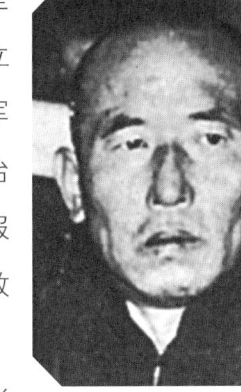

于品卿是张家口的实业家。1924年，他任张家口商会执行委员。1937年8月日军占领张家口。于品卿被日军招聘，被任命为伪察哈尔治安维持会委员。9月伪察南自治政府组建，于品卿任最高委员。11月，伪蒙古联盟自治政府（主席：德穆楚克栋鲁普）、伪察南自治政府、伪晋北自治政府（最高委员：夏恭）代表会议在张家口召开。会议决定成立伪蒙疆联合委员会，于品卿任该委员会委员。

于品卿

1939年9月，上述三个伪政府合并成立伪蒙疆联合自治政府，于品卿任该政府副主席。日本投降后的1945年8月，伪蒙疆联合自治政府瓦解。8月25日，于品卿被占领张家口的八路军逮捕。晋察冀边区行政委员会于1945年9月21日任命王斐然为边区高等法院院长，前往接受与改组伪张家口市高等法院。边区行政委员会令下列九人组成公审伪蒙疆政府副主席于品卿的特别法庭：边区高等法院院长王斐然，军区政治部副主任蔡树藩，参议会驻会议员安则仁，边区行政委员会民政处处长柯庆施，边区总工会马辉文，察哈尔政府委员蓝公武，内蒙古人民领袖云泽，张家口卫戍司令郑维山，中共张家口市委代表杨春圃，并委边区公安管理处处长许建国为检察官。检察官搜集于品卿叛国证据向特别法

汉奸大审判

八路军解放伪蒙疆联合自治政府首府张家口

庭提起公诉。1945年12月18日，晋察冀边区组成特别法庭开庭审判于品卿。经审理后，12月22日，特别法庭在张家口市邮政总局院内召开公审大会，到法院旁听者有党政军、社会团体的代表及新闻记者、法学专家一千余人，而法院门前及张家口市、宣化市的播音机前，伫立数万群众，静听审判情形。正午12时，边区高等法院院长王斐然和八位审判员及检察官、书记官入庭就座，宣布提解罪犯开庭。于品卿身着黑斜纹布长袍，面色惨白，低头缓步走进法庭。审判长询问姓名、年龄等项后，检察官许建国宣读公诉书：

　　于品卿，现年六十岁，河北南宫人，曾充当张家口魁兴高布庄经理。1935年，日寇在张家口设公大工厂，掩护特务活动时，于犯即为该厂代理人，并与该厂翻译、著名敌特王辑五共同进行特务活动。"七七事变"后，日军一名尉官隐匿魁兴高布庄后院。日军占领张家口，该尉官引于犯拜见敌司令官东范。不久，于犯出面组织伪维持会，就任"察南自治政府"最高委员。

1938年12月，于犯与德穆楚克栋鲁普、李守信、夏恭等人随敌酋金井特务机关赴日，并携大量珍品进贡日皇。于犯接受日本天皇赐三等勋章、四等旭日勋章。长期以来，于犯任伪蒙疆政府副主席而兼经济长官，搜括聚敛，支持日军侵华战争需要，举凡伪蒙所有苛捐杂税，组合统制，粮食掠夺，一切敲骨吸髓的罪孽多出自于犯之手。在他的策谋下，1945年伪蒙政府收入即达十亿元以上。关于强迫蒙胞，充当伪军，协助敌军，扫荡边区和游击队，以及屠杀人民之罪行，更是罄竹难书，于犯同德王及李守信同为内蒙古卖国首犯。

据此，公诉书申请法庭依据国民政府惩治汉奸条例第二条第一、第二、第三、第五、第六各款及刑法第一百〇四条第一项给该犯以应得惩罚。

于品卿在辩诉时，企图以腼颜事故出于不得已，一切所作均出自敌命，狡狯辩护。许建国检察官据事实一一揭发驳斥。于品卿见无可抵赖，全身发抖，连声说："当日本人奴才还有什么说的，背叛国家民族罪该万死。"

法庭宣布暂时休庭，经过讨论合议，再度开庭，王斐然审判长宣读

1938年，新华日报上刊登《加紧肃清汉奸敌探》的社论

判决书，依法判处于品卿死刑，剥夺公权终身，并没收其全部财产。晋察冀边区行政委员会对此判决核准后，于1945年12月24日下午1时将于品卿解押张家口汉卿桥下执行死刑。

美国《纽约先驱论坛报》记者斯梯尔和美国北美新闻联盟记者安德列斯，1945年10月上旬由北平到张家口访问，10日晨由张家口返北平前与《解放日报》记者晤谈此行观感，斯梯尔称："此次乃非常旅行，对张市最生动、最深刻的印象，乃是目睹日本人的忠灵塔前，有成万匣日本官兵的骨灰供在神社里，足见过去几年来八路军是杀死了很多日本官兵，而今年张家口军民庆祝胜利大会会场就在那里，枪决战犯也在那里，这是很有意义的。"安德列斯指出："拿北平与张家口相比是很有趣的，北平至今一切战犯汉奸逍遥法外，继续横行，没有中国政府去管理与制裁他们。……在上海我见到的情形也是这样，但是张家口却大不相同，我见到许多战犯已被政府捕获，广大人民可以起来控诉他们的罪行，这是真理与正义的表征。"

太行武安解放后，于1945年11月30日在城内召开祝捷大会，并公审伪武安联队队长李茂齐、联队参谋长苏三鉴、伪警察所经济

新四军挺进茅山后颁布的第一张布告，号召人民成立抗日自卫会，粉碎汉奸伪维持会

系系长韩永善，武安县政府依法将三犯处以死刑。

蔚县伪地方自治委员长马迪恩及伪军头子于金亮，在蔚县先后残杀干部群众三百余人，所有村庄均遭蹂躏。1945年11月27日，经公审后被执行枪决。

涞源县汉奸特务张彦魁、李沛等八人，均为伪公安局及日宪兵队首要特务，战时该等汉奸逮捕抗日干群三百多人，直接遭其杀害者一百四十六人，敲诈抢劫财物六十余万元，经全县群众集会公审后，判处死刑。

涿鹿著名汉奸董九吉，曾任伪保卫团团长，以残杀贪婪著称。1938

《锄奸知识》书影

年包围袭击边区涿鹿县政府，屠杀干部群众一百余人，将住有一百二十多户的谢家堡烧成灰烬。1940 年协同日军"扫荡"宛平，又在齐堂一带烧毁村庄十余座。该犯在珠窝堡修有华丽的"九连环住宅"，侵占民田一百一十五亩。1945 年 11 月 25 日，在涿鹿城郊将该犯公审处决。

晋察冀天镇县政府于 1945 年 9 月 15 日召开公审战犯大会，将伪天镇县县长赵国权、袁尊任，伪县公署实业科长吴历权等三人提交公审。抗日政府遂将三犯当场处以死刑。

张家口解放后，逮捕了张家口两任伪市长韩广森、崔景岚在内的伪蒙疆政权的重要骨干三十余人。韩广森、崔景岚二人不仅充任伪市长，而且是伪蒙疆政权中重要的角色，都曾任伪蒙疆政府的经济次长，是敌寇对华经济掠夺中的汉奸头子。中共张家口民主政府，根据两犯罪行，广泛征求人民意见，判处两犯死刑，报请晋察冀边区行政委员会核准后，于 1945 年 10 月 8 日执行死刑。行刑当日，张家口市数万人涌向街头，目睹大卡车押解两犯驶向日军留下的"忠灵塔"下。下午两点，一阵枪响，给两个罪恶的生命画上了句号。在"忠灵塔"下死去，对这两位汉奸来说，可以说是罪有应得。

1945 年 9 月 1 日，太行解放区磁县彭城召开公审大会，群众聚集在露天广场上，纷纷控诉汉奸宋祺的罪行。工人唯合子、宋德成、阎道林的母亲，痛哭诉说了自己的儿子被宋祺报告敌人，而惨遭屠杀的情况；另有许多人揭发敌人逃窜后，宋祺潜伏敌后破坏解放区善后工作。在群众坚决要求下，大会宣布判处宋祺死刑，当场执行。

太行赞皇区伪调办处主任任刚等三名罪大恶极的汉奸，在逮捕公审后，于1945年9月29日依法枪决。

磁县伪县长李贞元、伪军警委员会委员长杨敬斋二人战时勾结敌伪，残杀磁县人民。1940年2月间，在张二庄一带煤窑中，一次活埋无辜群众百余人。1941年起，收买土匪组织"安民军""天兵队""联庄队"等伪军，烧杀淫掠，无恶不作。仅彭城一带，先后被杀者尸体就填满一个三十几米深的煤窑。日本投降后，李仍率领伪军捕杀我抗日干部黄金堂等八人。从缴获的伪保安队的照片中，清晰地看到黄金堂等人被手铐脚镣捆绑步入刑场，黄身上还插上"磁县城关区奸匪区长"的斩标。10月8日，磁县政府召开公审大会，两犯当场被执行枪决。

陵川、高平县五千名群众于10月24日集会，公审汉奸常景义、韩维平、王库昌。常曾任国民党陵川县府第三科长，韩任国民党陵川三区区长，1939年相继投敌。1942年6月，又为敌组织特务机关，与伪陵川县县长杨志玉、高平大汉奸姬振魁勾结在一起，经常配合敌人向解放区"扫荡"，仅万丈、张印、秦山、铺山几村，遭其屠杀的民兵和群众三十余人，抢走粮食一千七百多石。伪军分队长王库昌自己供称，曾亲手杀死民兵十六人，群众十人，抢走公粮七千余石。公审后，在群众的要求下，依法将三犯执行死刑。

1945年12月1日，太岳区阳城两万群众公审伪阳城"剿共先锋队"队长马尚俭、伪自卫团长杨国柜，及合作社常务理事梁九皋等三人。敌寇统治阳城时，他们依仗敌势烧杀淫掠，仅该县二区，两年内即有抗日人民三十七人遭杀害，抢去粮食七百石，牲口二百七十头。公审后，政府依法将三犯执行枪决。

1943年，陈子文与绛县日伪军订立协定，允许其将四区作为活动区域，陈子文将从阎锡山处领取的弹药补充伪警各队，并配合日军袭击八路军，抢劫人民财物；日本宣布投降，八路军围攻绛县城时，他派武装三百余人进城掩护日军退却；绛县七万人口在日伪占据期间被杀二千余人，而"老百姓谁都知道陈子文已经杀够三千人了"。《新华日报》（太岳版）1946年6月21日发表《不消灭陈子文，人民永远无安宁日子——绛县六万五千人民一致的呼声》。陈子文在公审后被严惩。

王贵德，山西省沁县小王村人，1943年出任屯留县伪县长两年，将屯留县原来的三个区划分为八个警备区，帮助日伪军加强统治，大肆搜刮民财，中饱私囊，贪污粮食、羊毛等物资数十万元；组织情报班调查组秘密活动，进行反共反人民、破坏抗日工作。1945年11月被判处死刑。

汉奸、伪兴亚巡抚军司令李先洲，自抗战以来，出卖本国利益，勾结日寇，在豫北焦作一带烧杀淫掠，无恶不作。1945年8月15日，日本天皇宣布对同盟国投降。太行军区接到延安总部对日、伪大反攻的命令。为彻底扫清黄河以北的敌人，太行军区于8月下旬下达了收复焦作的命令，组成了以黄新友任总指挥、张廷发任副总指挥的解放焦作指挥部，并派代表进焦作要求李先洲立即投降。李先洲不但不放下武器，反将递送通牒的代表杀死。在西大井战斗中，丧心病狂的李先洲竟命部下将被俘的两名八路军战士剖腹挖心，割掉生殖器，残酷处死。与此同时，还大肆抢劫，仅一家私人货栈就被抢去货物十余大车。李还向各商号勒索巨款一百万元，向每保要款两万元，麦子十八石，壮丁六十人，女人五名。

焦作人民对其恨之入骨。

太行军区第八军分区紧急动员,进行了反攻的部署。8月17日晨,黄新友率部与在司令员黄新友率领下的第七分区主力协同作战,短短十多天,接连攻克获嘉、武陟、温县等县城。在我军的攻击下,9月初,焦作城光复。此战共歼灭守敌伪华北兴亚巡抚军、伪挺进队及杂牌部队大部,生俘巡抚军司令李仙洲以下七百二十余人。至此,豫北广大解放区连成一片。

第八专员公署决定公审伪兴亚巡抚军司令李先洲,由第八专署主持公审大会。人民政府接受群众要求,依法将李先洲、张捕中、张益三、

八路军武工队逮捕汉奸伪县长(中间光头者)

李春芳等十名汉奸当场枪决。

日军在武陟时,刘心一、杨宗周二逆助纣为虐,实行"三光"政策,组织伪军将南王、朱村、楼下等村造成一片"无人区"。根据不完全统计,仅杨宗周一人就指挥部下杀死无辜男女八十八人,强奸妇女四十六人,其中因不从而被打死者三十余人。1945年春,八路军进军道清以南时,高村有一老太太向抗日政府控诉杨的罪行。此事被杨宗周知道后,即派部下王银来等三人,将老太太全家九口,全部用绳活活勒死。武陟解放后,群众对两逆罪行控诉书如雪片般飞来。解放区政府应民众之请,于9月12日将两犯付审,依法枪决。

苗先瑞,河南省济潇县三樊村人,日占济源后,即公开投敌充当伪军分队长,带领伪军在附近村庄和边缘地带烧杀、抢掠、奸淫。杀害民众五十二人,烧毁房子一百余间,奸淫妇女五十余人,勒索钱款一百九十余万元,抢走棉被一千六百余条、衣服四千余件、粮食一千六百四十石、牛两百余头。1945年10月,苗先瑞被公审就地正法。

安阳县公光村人张景耀,十七岁时就勾结土匪绑票杀人,后结识民团局子队长吴守正,又当了联保局子队长横行安阳。抗战爆发后与日伪勾结,任八个伪联保及伪局子中队长,在公光村修筑碉堡;引领日军"扫荡"林北;在为匪为奸的二十五年中,杀四十三人、绑票抓丁四十二人、非刑吊打五十多人、奸淫妇女八人;被处决前有地一百二十亩,独资经营南堰根煤窑一座,合资办理小辛庄煤窑两座,此外还有牲口、羊群等,实属万恶不赦。1946年1月,安阳县召开全县人民斗争大会,张景耀被依法处决。

伪平度县长张松山,战前任烟酒税局长、警备队长,勾结土匪,敲诈勒索,抗战时率领三百人投敌。1938年任平度伪县长。平度春荒时,协同敌伪疯狂抢粮,曾以八百万元巨款贿买将移防之伪治安军司令王铁相留任平城,并向敌举行一次飞机献金一百万元,因而被敌奖封为"模范"县长。日军投降后,山东抗日部队围攻平度城通牒命其投降时,张松山不仅拒降,并打死送通牒人员。1945年10月14日,政府接受民意,依法对其处以死刑。

1945年10月19日,莱阳城厢群众一万余人公审汉奸王宝林。王宝林任绥靖军三一四团团长,驻扎莱阳时屠杀抗日军民六百余名,在平度城被生擒后,押解莱阳公审。山东军区军事法庭宣布处以死刑,即日将其处死。

在山东蒙山、平邑,经过广泛而深入的组织发动,广大群众压抑多年的仇恨怒火猛烈地爆发出来,有的主动向政府检举;有的将汉奸捆绑起来,要求政府法办。各村都召开了批斗大会,将汉奸恶霸押到公开场所,清算他们的罪行。许多群众穿着破袄单裤,顶着凛冽寒风,从早到晚参加控诉大会,并争相上台发言,控诉汉奸恶霸把持村政、霸占土地、高租剥削、横征暴敛的罪恶;揭露他们投靠日军,卖国求荣,欺压百姓,迫害良民的罪行。

1945年10月,费北、费县(原费

抗日群众抓捕汉奸

南县)、温河、费东四县一万多人,在地方镇东新安村召开大会,揭发、控诉、审判伪军费县警备大队长陈怀绪。陈怀绪先在日军滇据点任伪军费县第一区保安大队长、伪军费县警备大队长。他多次带领敌军进攻"扫荡"抗日根据地,烧杀掳掠,奸淫妇女,罪恶累累。他将地下工作者王宝恒逮捕,用烙铁烙胸、坐老虎凳、子弹别肋骨、灌辣椒水等酷刑对王宝恒进行摧残,最后连开三枪将王宝恒打失明。被他直接残害致死的有三人。在公审大会上,温河县县长王林市依法判处陈怀绪死刑,立即执行枪决。

1946年6月,费北县政府在柏林召开控诉、审判大会,斗争汉奸队长孙宝营。会前,愤怒的群众一边敲鼓,一边拿着木棍、铁锹、锄头助威。有的妇女则带着锥子、剪刀,期盼靠近汉奸报仇。民兵绑押着孙宝营绕集市游行。孙宝营戴着用草席做成又高又尖的帽子,干瘪的身子,耷拉着脑袋,面如土色,往日趾高气扬的架子荡然无存。审判大会上,人们争先恐后地上台控诉。经过近两个小时的审判,会议主持人代表人民政府宣布判处孙宝营死刑,立即执行。

山东赵铺县为了巩固解放区,根据山

杀汉奸的标语

东省政府颁布的法令，于 1945 年 2 月 20 日在塔子山西召开宣判大会，将为虎作伥的伪临沂县"剿共"支队长王占牛和先后担任汉奸伪区长和伪临沂县警备大队长的赵一樵依法判处死刑。这一天正是卞庄集，赶集的人很多，审判台高高立起，会场上人山人海。赵铺县委宣传部长张兆涌代表县民主政府宣读了王占牛、赵一樵的认罪口实，当场宣布：判处死刑，立即执行。

1945 年 10 月 27 日，赵搏县群众及鲁南各界代表万余人在文峰山前隆翼行集会，将伪尚岩区区长、汉奸赵剑南和伪临沂县"剿共"大队长金佃明依法判处死刑。赵剑南是郯城后村地主，有二十多顷地，早年就在家里私立公堂、牢房，养着三十多支枪的私人武装，残害百姓。1941 年 7 月，赵剑南公开投敌当了汉奸，被委任为尚岩区伪区长，横行乡里，压榨百姓，充当日寇镇压抗日民众的鹰犬。他积极为日军搜集八路军在边联地区活动的情报，带领伪军围攻郯城后村，捕杀了八路军五团炊事班战士，逮捕该村抗日干部及家属十多人。金佃明是尚岩人，旧军阀部队人员，投敌后当上伪"剿共"大队长，驻扎尚岩，参加了日伪军对边联县根据地的多次大"扫荡"，罪大恶极。县政府还先后逮捕了伪县长齐易吾，伪县大队副大队长、"杀王"杨树生，伪县维持会长曹邦灿，日军便衣队长曹昌环等一批敌伪分子召开两万人大会，控诉其罪行后，宣判血债累累、民愤极大的杨树生、曹邦灿等人死刑。

1945 年 10 月，肥城县政府在四区屯头村召开了穷人翻身万人大会。会上斗争了罪恶深重、民愤较大的日伪乡村长及叛徒、汉奸，夺回了被他们侵吞的财产。在五区蒋庄村，也召开了万人反奸诉苦大会，公审、处决了认贼作父、欺压群众的叛徒、汉奸张光海等人。

邢台、临城两地惩伪县长，参加民众共计四万多人。伪邢台县长李振锋,是日本明治大学毕业生,曾任伪临榆县长,来邢台后,横征暴敛,捕杀抗日人民,仅在黄寺一村,就杀死三十多人。伪临城县长寇鸣棋,曾在临城大量发展伪军,经他亲手屠杀的人就达一百三十多人,同时搜刮民膏,积累私产达六百万元。李振锋、寇鸣棋两奸经公审后,依法执行枪决。

博爱县五千群众于1945年11月19日集会,公审土匪汉奸孙万金、冯务本。孙万金、冯务本原是豫北著名匪魁,孙曾任敌宪兵队长、联队长,及博爱县伪保安队司令等职,冯务本任敌便衣队长。两逆依仗敌势,每年资敌掠夺博爱一带粮食三万余斤,先后杀死抗日志士五百余人。博爱县解放时,两逆又逃往沁阳,继续为非作歹。两逆在沁阳解放后,即由政府公审,依法执行死刑。

苏北泰兴汉奸朱鼎根在日伪时期,曾在大街上亲手将无辜居民砍为两段,挑出心来做下酒菜,无辜妇女儿童也惨遭其毒手,被他绑架抢掠倾家荡产的有两百余户。兴化汉奸杨作叔,在抗战时期曾将兴化城民房二百八十四间全被拆光烧光,有一千零七十六户、四千零六十人因此家破人亡。日本投降以后,两人落入法网。解放区政府于1945年10月初将两逆提起公审,在万人喊杀声中,依法将朱鼎根、杨作叔处以死刑。兴化参加公审杨逆的群众达两万余人,莫不额手称庆。

苏北淮海、南通间解放区,政府和人民合力惩汉奸为了安定社会秩序,华中分局和苏皖边区政府在全边区开展了声势浩大的惩奸反特运动,镇压了一批罪恶昭彰、民愤极大的汉奸、特务。1945年12月20日,东台县惩治汉奸委员会人民法庭首次公审汉奸时,县区群众参加公审大会,受苦最深的群众从九十里以外高举香把赶来参加公审,要求"活菩萨"(民主政府)为他们报仇。在群众的控告下,作恶多端的东台敌特汉奸金小树、陈伯焘、张效勤等三人，被依法判处死刑。盐城战役中俘获的汉奸孙锦晖等十人，于12月10日在胡霸镇经一万七千名群众公审后，将孙等五名要犯处以死刑，其他五名从犯，经教育后，准予悔过自新。1945年12月，淮安两次举行千人公审会，12日临城区公审枪决熊树贵，14日淮城两万人公审并处决了伪特务大队长蒋鸿芳。青沲市逮捕惩治作恶

如皋县肃奸委员会在马塘召开人民公审大会审判汉奸

多端的伪淮阴县长周公望、沙贵章、高必发、李玉书等，或被正法，或被判无期徒刑。宿迁、沭阳东海等县也都召开千人至万余人的伸冤锄奸大会。人民群众扬眉吐气。

中共苏浙皖特委也掀起反奸清算运动。国民党地方当局不但不惩办汉奸，还反过来镇压民众。于是，群众将作恶多端的伪保长及保队副抓住后，先召开群众大会进行公开斗争，将汉奸嚣张的气焰打下去，然后组织两百多人，将两人押送国民党崇德县府要求惩办。迫于群众的声势，县长张某不得不将两人收监。

解放区锄奸、惩奸工作的一个显著特点，它不纯粹是专政机关和政府部门的职能，也是一种广泛的群众运动。它一方面是汉奸战犯调查委员会和保卫机关、城工部门派人深入调查侦察；另一方面是群众和党政军密切结合，自发检举控告或自动逮捕汉奸，使解放区的惩奸工作成为战后中国伸张民族正气的典范。战后中共解放区的惩奸工作，在伸张正义的同时，通过开展反奸清算运动，凝聚民气，巩固解放区，为粉碎国民党的进攻创造了有利条件。因此，解放区审判汉奸行动快，声势大，惩奸严。

19世纪70年代以后，大清国遭遇边疆危机，相继爆发了中法战争、中日甲午战争，朝鲜独立、台湾被割占，列强从肢体到心脏，对中国蚕食鲸吞；继而八国联军打进北京；东北一百五十万平方公里的土地被沙俄夺占；1937年日本全面侵略中国，大半壁江山沦入日寇的铁蹄之下，大半中国人成为亡国奴。一群民族败类逆历史潮流而动，认贼作父，成为可耻的汉奸。中国军民经过八年的浴血奋战，终于取得了抗日战争的伟大胜利。

今天的中华民族依然危机四伏，新的战争危险依然存在，因此，我们有责任充分揭露这些历史上的民族的败类，认贼作父、卖国求荣的可耻行径，以及抗战胜利后的最终下场，永远将危害中华民族利益的汉奸们钉在历史与道德的耻辱柱上。同时警醒世人，引以为鉴，提高爱国觉悟和民族意识，宏扬爱国主义精神。

图书在版编目（CIP）数据

汉奸大审判/王晓华著.－－南京：南京出版社，2015.3
（1945·中国记忆）
ISBN 978-7-5533-0863-0

Ⅰ.①汉… Ⅱ.①王… Ⅲ.①抗日战争—汉奸—审判–史料–1945 Ⅳ.①K265.606

中国版本图书馆CIP数据核字（2015）第050361号

丛 书 名：1945·中国记忆
书　　 名：汉奸大审判
作　　 者：王晓华
出版发行：南京出版传媒集团
　　　　　南 京 出 版 社
　　社址：南京市太平门街53号　　邮编：210016
　　网址：www.njcbs.cn　　电子信箱：njcbs1988@163.com
　　淘宝网店：http://njpress.taobao.com　　天猫网店：http://njcbcmjtts.tmall.com
　　联系电话：025-83283893、83283864（营销）　025-83112257（编务）

出 版 人：朱同芳
出 品 人：卢海鸣
责任编辑：章安宁　朱天乐
装帧设计：王　俊
责任印制：杨福彬
制　　 版：南京新华丰制版有限公司
印　　 刷：江苏凤凰扬州鑫华印刷有限公司
开　　 本：787毫米×1092毫米　1/16
印　　 张：9.75
字　　 数：115千
版　　 次：2015年3月第1版
印　　 次：2016年9月第2次印刷
书　　 号：ISBN 978-7-5533-0863-0
定　　 价：25.00元

淘宝网店　　　天猫网店

上架建议：抗战·文史